羽毛球

全民健身项目指导用书

何艳华　张坤◎主编

吉林出版集团股份有限公司　全国百佳图书出版单位

图书在版编目（CIP）数据

羽毛球 / 何艳华, 张坤主编. —— 2 版. —— 长春：
吉林出版集团股份有限公司, 2010.2 (2024.8 重印)
全民健身项目指导用书
ISBN 978-7-5463-2387-9

Ⅰ.①羽… Ⅱ.①何… ②张… Ⅲ.①羽毛球运动 –
基本知识 Ⅳ.①G847

中国版本图书馆 CIP 数据核字(2010)第 028511 号

全民健身项目指导用书

羽毛球
YUMAOQIU

主　　编	何艳华　张　坤
责任编辑	黄群　林琳
封面设计	吕宜昌
开　　本	650mm×960mm　1/16
印　　张	8
字　　数	60 千
版　　次	2010 年 2 月第 2 版
印　　次	2024 年 8 月第 4 次印刷
出版发行	吉林出版集团股份有限公司
地　　址	吉林省长春市福祉大路 5788 号
邮　　编	130000
电　　话	0431-81629968
电子邮箱	11915286@qq.com
印　　刷	三河市金兆印刷装订有限公司
书　　号	ISBN 978-7-5463-2387-9　定　价　39.80 元

版权所有　翻印必究
如有印装质量问题，请寄本社退换

序　言

　　自 1995 年我国政府推出《全民健身计划纲要》以来，我国群众性体育活动蓬勃发展，取得了显著的成绩。2008 年，举世瞩目的北京奥运会的成功举办，极大地激发了亿万人民群众的体育热情，增强了全社会的体育意识，营造了浓厚的全民健身氛围。面对这样的可喜局面，群众体育科研、教学工作者应义不容辞地为社会实践服务，从不同角度思考，如何使普通百姓通过简而易行的身体锻炼方式、方法和手段达到良好的健身效果，达到拥有健康的目标，从而享受生活、享受快乐人生。该书系就是在这样的思想指导下诞生的。

　　本书系能够顺应国家体育的大政方针，掌握时代脉搏，对指导大众健身，使大众掌握健身方法和手段有很好的促进作用。

　　本书系图文并茂，实用性强，分为球类运动、体操健身运动、传统武术、冰雪运动、水上运动、体育舞蹈、休闲运动、格斗运动、民间体育活动和极限运动等十大类项目，计 100 分册，按照统一的体例，力争有所创新。每册的具体内容为该项目的起源与发展、运动保健、基本技术、运动技巧、比赛规则等，使读者在学习过程中，不仅能够学会运动健身的方法，同时还能够学到保健方面的基本知识。

经国务院批准，自 2009 年起，将每年的 8 月 8 日定为"全民健身日"。《全民健身项目指导用书》的出版，必将为开展全民健身活动起到积极的推动和指导作用。

目录 CONTENTS

目录 CONTENTS

第一章 概述

　　羽毛球运动既是一项激烈的竞技性比赛项目,又是一项有着广泛群众基础、深受大众喜爱的休闲体育运动。

第一节

起源与发展

现代羽毛球运动起源于英国,在百余年的历史过程中,这项运动已经有了突飞猛进的发展。

14~15世纪,日本人开发了一项新运动:人们手持木质球拍,双方轮番击打,直至球落地为止。当时的球是用樱桃核插上羽毛制成的,由于材质原因,球显得太重,如果飞行速度太快,球的羽毛极易损坏,加之球的造价太高,所以该项运动流行一阵就慢慢消失了。

直到19世纪中叶,印度再次出现类似羽毛球的运动。当时的人们称之为"普那"。人们用圆形硬纸板或绒线编织成球形再插上羽毛,练习者手持木拍,将球在空中轮流击出,这就是现代羽毛球运动的雏形。

1873年,英国公爵鲍佛特在英格兰格拉斯哥郡的伯明顿庄园举办了一次家庭社交活动,一批退役的英国军官提议玩改进后的印度"普那"游戏。从此,人们就用伯明顿庄园的英文名称Badminton羽毛球来命名这项新游戏,它的命名标志着现代羽毛球运动的正式诞生。

羽毛球运动是英国贵族所玩的游戏,所以人们又称羽毛球运动为贵族运动。羽毛球运动诞生后,逐渐从欧洲流传到美洲、大洋洲、亚洲和非洲等地。

1875年,世界上第一部羽毛球比赛规则出现于印度的普那。3年后,英国又制定了更趋于完善、统一的规则。

1893 年,世界上最早的羽毛球协会——英国羽毛球协会成立,并于 1899 年举办了全英羽毛球锦标赛。

1934 年,由加拿大、丹麦、英国、法国、爱尔兰、荷兰、新西兰、苏格兰和威尔士等国发起了国际羽毛球联合会,总部设在伦敦。

1939 年,国际羽毛球联合会通过了各会员国共同遵守的《羽毛球竞赛规则》。

1992 年,在巴塞罗那奥运会上,羽毛球被列为正式比赛项目,从此羽毛球运动进入了一个新的发展时期。

 机构与赛事

机构

国际羽毛球联合会(IBF)简称国际羽联,成立于 1934 年。1981 年,国际羽毛球联合会和世界羽毛球联合会正式合并,名称仍为国际羽毛球联合会,现有 147 个协会会员。

中国羽毛球协会于 1981 年 5 月加入国际羽毛球联合会。

赛事

(1)奥运会羽毛球赛,每 4 年 1 届;

(2)世界羽毛球锦标赛,每 2 年 1 届;

(3)汤姆斯杯赛(男子),每 2 年 1 届;

(4)尤伯杯赛(女子),每 2 年 1 届;

(5)苏迪曼杯赛(团体),每 2 年 1 届。

 发展趋势

国内趋势

羽毛球运动的普及性强,群众基础广泛,是老少皆宜的群众性健身运动。它的动作技术容易掌握,而且不受场地限制,只要有平整的空地即可。对练习者来说,无论是进行有规则的羽毛球比赛或是作为一般性的健身活动,都要在场地上不停地进行脚步移动、跳跃、挥拍等动作,这些动作可以增强练习者上肢、下肢和腰部肌肉的力量,加快练习

者全身血液循环，同时能够增强练习者心血管系统和呼吸系统的功能。因此，羽毛球运动对强身健体具有重要作用。现在，羽毛球运动已成为全民健身计划的重要组成部分。

我国羽毛球队在各种国际比赛中均取得了十分辉煌的成绩，正处在一个持续稳步上升的阶段。在2008年北京奥运会上，我国羽毛球队获得了3金2银3铜的好成绩，再一次证明了我国羽毛球的霸主地位。

国外趋势

从世界羽毛球运动的发展趋势来看，技战术正在向"快速、全面、进攻和多拍"方向发展。"快速"是指在出手动作、步法移动和判断反应以及战术变化等方面的速度加快；"全面"是指技术全面，攻守兼备，控球能力强，具有良好的身体素质和心理素质；"进攻"是指凭技术特长，采用先发制人，积极主动，以抢攻为主；"多拍"是指在战术变化中，从若干次攻守回合中，提高控球能力，减少失误。

第二节

场地、器材和装备

羽毛球运动是一项普及性运动，器材和装备档次不一。在不同的场地，使用不同的球拍打出的球速也不相同。所以，我们需要对羽毛球的场地、器材和装备有一定的了解。

羽毛球运动对场地的要求不高，但正规的比赛场地有着严格的标准，初学者应该对此有所了解。

 见图1-2-1

（1）球场呈长方形，长13.4米，单打球场宽5.18米，双打球场宽

6.1 米；

（2）场外侧两条边线为双打场地边线，里侧两条边线为单打场地边线，二者相距 0.64 米；

（3）前发球线距球网 1.98 米，与球网平行，后发球线距离端线 0.76 米，与端线相平行；

（4）前发球线中点与端线中点相连的中线将球场分为左发球区与右发球区；

（5）场中各线宽度均为 4 厘米，场地的丈量从线的外沿算起。

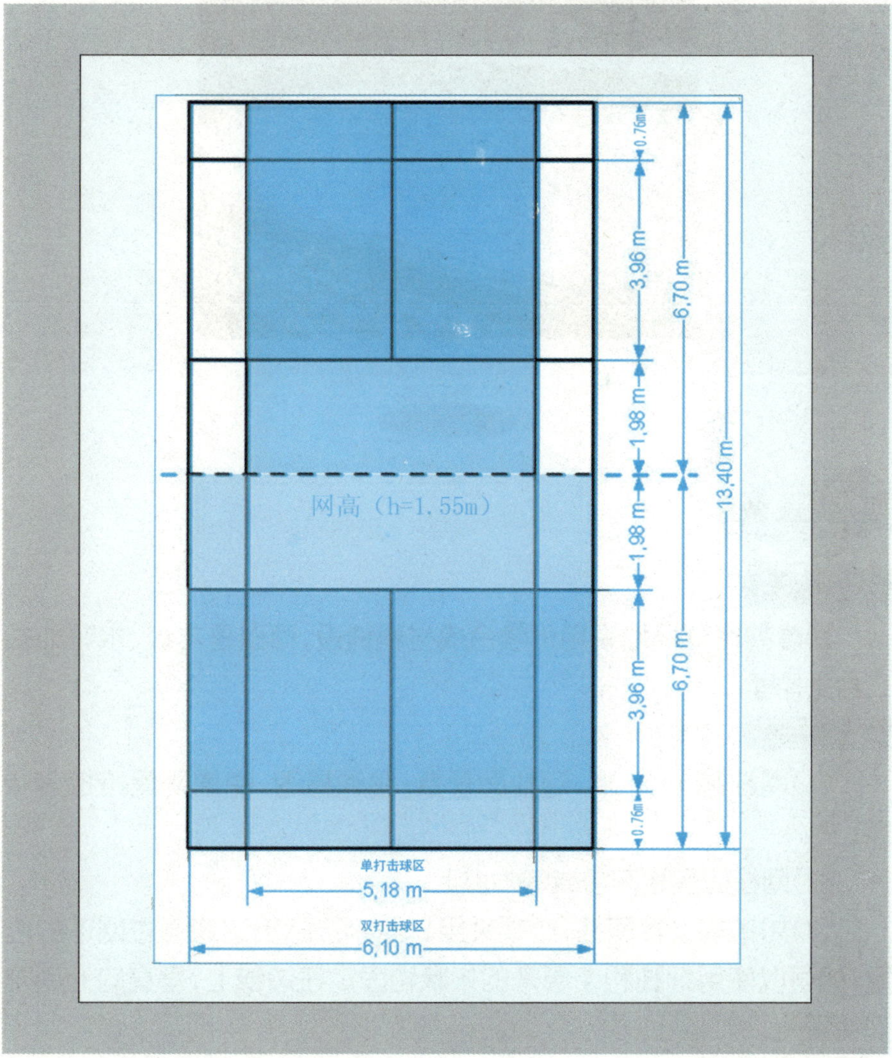

和场
装地
备、
、器
材

网高（h=1.55m）

0.76m

3.96 m

6.70 m

1.98 m

13.40 m

1.98 m

3.96 m

6.70 m

0.76m

单打击球区

5.18 m

双打击球区

6.10 m

图 1-2-1

 设 施

地面

理想的比赛场地采用化学合成材料铺设,可以是木板、水泥地或三合土地面。

网柱 见图 1-2-2

(1)网柱高 1.55 米,与地面垂直,必须稳固,使球网保持拉紧状态;

(2)网柱应放置在边线的中点上;

(3)如不能设置网柱,必须采用其他办法标出边线通过网下的位置,如可以使用细柱和 4 厘米的条状物固定在边线上,垂直向上到网顶绳索处。

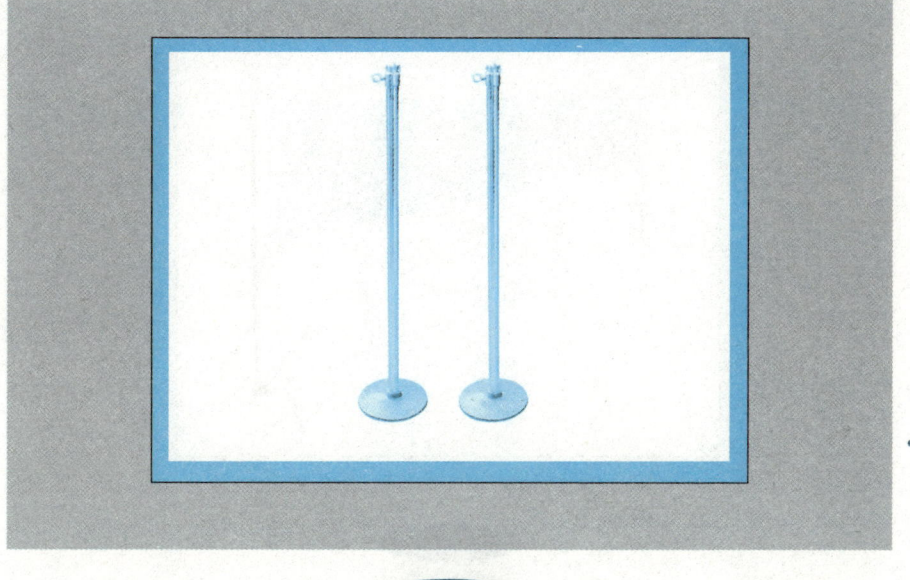

图 1-2-2

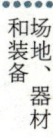

场地、器材
和装备

 球网 见图 1-2-3

(1)球网应为深色,用优质的细绳织成,在场地中间张挂;

(2)网孔应为方形,各边长均在 1.5～2 厘米之间,球网上下宽为 76 厘米;

(3)球网的顶端用 7.5 厘米宽的白布对折而成,用绳索或钢丝从夹层中穿过,白布的上沿必须贴绳索或钢丝;

(4)绳索或钢丝必须有足够的长度和强度,能牢固地拉紧,并与网柱的顶端持平;

(5)球网的两端必须与网柱系紧,它们之间不应有断口。

要求

(1)球场上空 12 米内,四周 4 米内不得有障碍物,障碍物不得与球场相邻;

(2)场地不宜太滑或太黏,要有一定的弹性;

(3)球场上空灯具不宜反光,妨碍选手击球,同时要避免自然光的干扰。

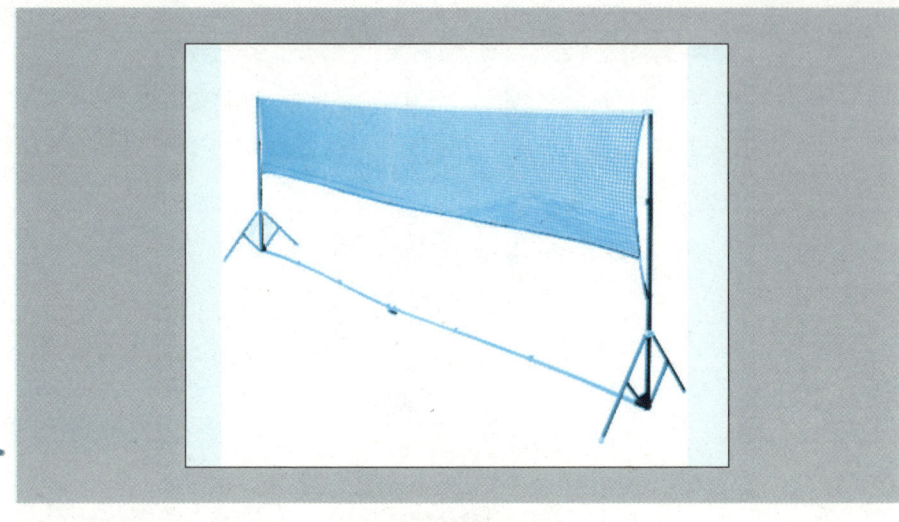

图 1-2-3

器材

进行羽毛球运动的必备器材是球拍和羽毛球,良好的器材是羽毛球运动开展的重要保障。

球拍

规格　见图 1-2-4

（1）拍框总长度不超过 68 厘米,宽不超过 23 厘米;

（2）拍弦面长不超过 28 厘米,宽不超过 22 厘米。

材质

羽毛球拍是用木料、铝合金或碳素纤维等质地轻而坚实,富有弹性的材料制作而成。

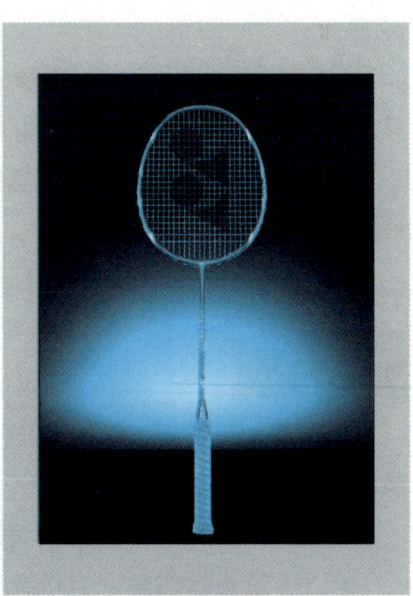

图 1-2-4

 **构造**

（1）球拍由拍柄、拍弦面、拍头、拍杆和连接喉构成整个框架；

（2）拍弦面应是平的，用拍弦穿过拍头十字交叉或其他形式编织而成，编织式样应保持一致。

羽毛球　见图 1-2-5

（1）羽毛球重 4.74～5.5 克，由 16 根羽毛插在半球形的软木托上；

（2）羽毛顶端围成圆形，直径为 58～68 毫米，羽毛应用线或其他适宜材料扎牢；

（3）球托直径 25～28 毫米，底部为圆形。

图 1-2-5

装备

在进行羽毛球运动时，舒适、合体的装备对练习者不但有安全保护作用，还有助于技战术水平的充分发挥。

服装

 **款式**　见图 1-2-6

现在的羽毛球服装，无论是男子服装，还是女子服装，多为 T 恤衫

和短裤。

概述

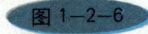要 求

（1）服装要宽松舒适，便于活动，面料一般为吸汗性和透气性较好的棉制品；

（2）服装要整洁干净，以表示对对方、裁判员和观众的尊重。

图 1-2-6

羽毛球鞋

款 式　见图 1-2-7

（1）羽毛球鞋的种类很多，从鞋面质地上讲，主要有皮革和帆布两类，鞋面上有包裹大脚趾部位的皮革或帆布，防止过度磨损；

（2）羽毛球鞋的底较平，多为耐磨的橡胶或其他材料，一般人字纹的鞋底起动快，适合于较硬场地，而辐射状纹的鞋底适合于所有场地。

要 求

（1）羽毛球鞋要求较高，要方便跑动，有较大的摩擦力，有助于选手作出各种动作；

　　（2）打羽毛球时的急停、起动等动作对踝关节和膝关节的压力较大，因此好的球鞋应具有较好的缓冲性能；

　　（3）羽毛球鞋还应该能够提供向前、向后和其他方向变化的支撑功能；

　　（4）羽毛球鞋应穿着舒适，结实耐用，活动便捷。

图 1—2—7

和场地、器材装备

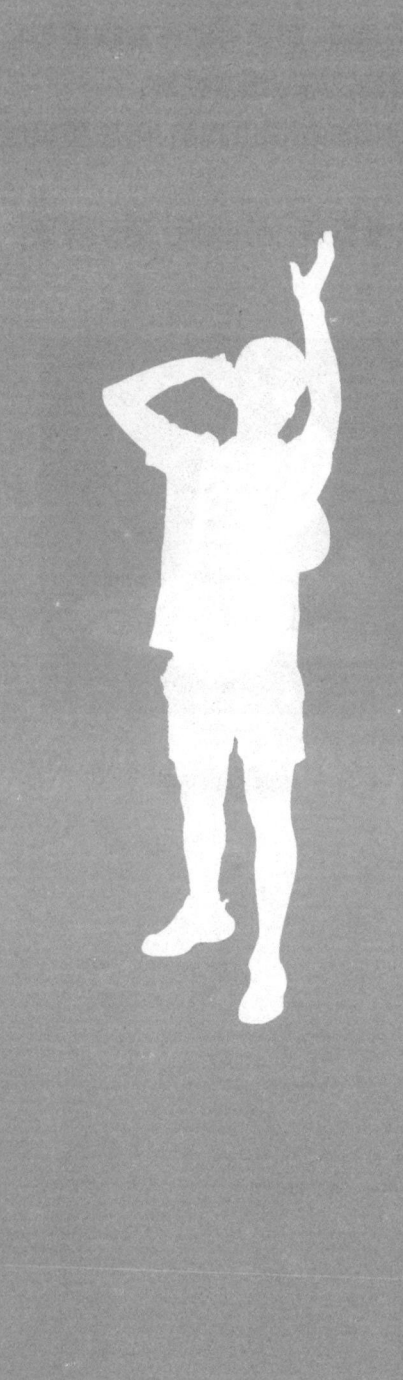

第二章 运动保健

　　体育运动对增强体质、预防疾病和促进健康具有良好的作用。但是，并非所有人从事相同的运动都会达到同样的效果。对于同一种运动负荷，不同人机体的反应差异是很大的，即使同一个体，在不同时期、不同机能状态下，对同一负荷的反应及效果也是不一样的。因此，对于不同个体，应制定适合其机能需要的运动强度、时间、频率和持续周期。从事体育锻炼一定要讲究科学性，使机体最大限度地获得运动价值，使某些疾病得到有效的防治。

第一节

自我身体评价

自我身体评价是指根据个体的不同情况以及简单的功能评定标准，对锻炼者进行身体评价，并以此为依据，确定具体的锻炼内容。

适宜人群

体适能是全身适应性的一部分，是人体精神和体力对现代生活的适应能力。为了促进健康，预防疾病，提高生活质量和工作学习效率，几乎所有人都可以追求健康体适能，而且经过简单的评价和测试，均可以成为目标人群，即适宜人群。

健康体适能评价标准

健康体适能是指身体有足够的活力和精力处理日常事务，而不会感到过度疲劳，并且还有足够的精力去享受休闲活动和应对突发事件。

健康体适能是确定锻炼者是否为运动适宜人群的主要依据。目前的评价标准主要包括国民体质测定标准、学生体质测定标准和普通人群体育锻炼标准等。

国民体质测定标准主要包括形态指标、机能指标和素质指标 3 个部分，各项指标的测定结果均为 1～5 分，共 5 个级别。凡各项指标达不到 4 分或 5 分者，均应被纳入健身人群。

学生体质测定标准分为优秀、良好、及格和不及格 4 个级别。优秀水平以下者，均应被纳入健身人群。

普通人群体育锻炼标准分为 5 个级别，凡达不到 4 分或 5 分者，均应被纳入健身人群。

简易运动功能评定

简易运动功能评定的目的在于确定锻炼者有无运动禁忌症或临时运动禁忌的情况，即是否适合参加体育锻炼，以达到防备万一、避免意外事故发生的目的。目前通行的方式为 3 分钟踏台阶测试。

目的

测试锻炼者运动后心率恢复的情况，以评估其心肺功能。

器材 见图 2—1—1

30 厘米高的长凳、节拍器、秒表和时钟。

步骤 见表 2—1—1

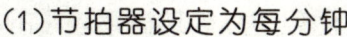

图 2—1—1

（1）节拍器设定为每分钟 96 次，锻炼者依"上上下下"的节拍运动 3 分钟。

（2）锻炼者完成 3 分钟踏台阶后，5 秒钟内开始测量其脉搏，时间为 1 分钟，记录其心率，并依据下表评价其功能水平。

（3）运动后心率越低，证明其心肺功能越好。在运动强度允许的范围内，锻炼者可选择运动强度的较高值来进行运动。

 表 2—1—1　3 分钟踏台阶测试评价表

	年龄（岁）	欠佳（次）	尚可（次）	一般（次）	良好（次）	优异（次）
男士	18~25	>115	105~114	98~104	89~97	<88
	26~35	>117	107~116	98~106	89~97	<88
	36~45	>119	112~118	103~111	95~102	<94
	46~55	>122	116~121	104~115	97~103	<96
	56~65	>119	112~118	102~111	98~101	<97
	65+	>120	114~119	103~113	96~102	<95
女士	18~25	>125	117~124	107~116	98~106	<97
	26~35	>128	119~127	111~118	98~110	<97
	36~45	>128	118~127	110~117	102~109	<101
	46~55	>127	121~126	114~120	103~113	<102
	56~65	>128	118~127	112~117	104~111	<103
	65+	>128	122~127	115~121	101~114	<100

自我身体评价

注意事项

如锻炼者经过努力仍无法达标，或出现头晕、胸闷、出冷汗等症状，应立即终止测试。运动中应特别考虑运动强度，以防止出现意外。

锻炼目标

锻炼目标应根据锻炼者不同的身体状况来确定，可分为近期目标和远期目标。此外，确定锻炼目标还应结合锻炼者的运动意向、愿望、兴趣，以及本人的健康状况、疾病程度等因素来进行。

近期目标

近期目标是指锻炼者近期应达到的目标。在进行运动之前，应首先明确锻炼目标，即近期目标。选择一两个健康体适能构成要素，作为未来两个月内努力完成的目标，而且应从成功概率较高的构成要素开始，并将预期两个月后要达到的目标做上记号，如提高某个或某些关节的活动幅度，增强某个肌肉群的力量等。

远期目标

远期目标是指锻炼者最终要达到的目标。实践证明，经过科学合理的锻炼后，锻炼者是可以达到一般的远期目标的，如提高心肺功能，使其达到优秀的等级，或达到降血脂、防治高血压和冠心病的目的等。

运动负荷

运动负荷即运动量。怎样控制运动量，合适的运动时间是多少等，一直是人们争论不休的问题。但有一点是可以肯定的，那就是任何有关身体活动的意见和建议，都需要综合考虑锻炼者的身体状况和所要达到的目标，并以此为依据来制订科学的身体锻炼计划。

运动强度

在运动过程中，运动强度过小，则无法达到锻炼的效果；运动强度过大，不仅达不到最佳的锻炼效果，还可能产生一些副作用，甚至出现意外事故。确定运动强度有两种方法，即心率简易推测法和主观感觉疲劳分级表推测法。

心率简易推测法

（1）年龄在 20 岁左右的年轻人，身体健康，能坚持体育锻炼，欲进一步提高身体机能，可取最大心率值（最大心率值 = 220 － 年龄）的 65%～85%。

（2）年龄在 45 岁以下，身体基本健康，有运动习惯者，开始进行健身锻炼，可取最大心率值的 65%～80%，没有运动习惯者，开始进行健身锻炼，可取最大心率值的 60%～75%。

（3）年龄在 45 岁以上，身体基本健康，有运动习惯者，开始进行健身锻炼，可取最大心率值的 60%～75%，没有运动习惯者，建议根据自身情况咨询专业人员来指导和确定运动强度。

主观感觉疲劳分级表推测法　　见表 2－1－2

运动的疲劳程度大致分为 10 级，具体为：0～1 级，没感觉；2～3 级，尚轻松；4～5 级，稍累；6～7 级，累；8～9 级，很累；10 级，精疲力竭。因此，健身锻炼的运动强度应控制在主观感觉疲劳程度的 4～7 级。

表 2－1－2　主观感觉疲劳分级表

0 没感觉	·	2 尚轻松	·	4 稍累	·	6 累	·	8 很累	·	10 精疲力竭

运动频率

运动频率是指每日及每周锻炼的次数。一般每周锻炼 3~4 次，即隔日锻炼 1 次即可。有充足的休息时间，可使机体得到充分的休息，收到更好的锻炼效果。

运动持续时间

运动强度和运动持续时间，决定了一次锻炼的运动量和热量消耗。运动持续时间与运动强度成反比，运动强度大，运动持续时间可相应缩短，运动强度小，则运动持续时间应相应延长。

一般的健身锻炼，运动持续时间以每天 20~60 分钟为宜，其中包括准备活动时间、健身锻炼时间和整理活动时间。每次健身锻炼应在 20 分钟以上，锻炼可一次性完成，也可分段进行，但每段的活动时间应在 10 分钟以上。

第二节

运动价值

运动价值是人们一直在探讨的问题。一般认为，运动具有两方面的价值，即健身价值和心理价值。身体和精神的健康是相互依存的，伴随着身体功能的改善，精神状况也能同时得到改善。

健身价值

健身价值在于提高体适能。体适能包括心肺耐力素质、肌肉力量素质、柔韧性素质和身体成分等。体适能的发展是积极从事锻炼的结果，只有规律性的体育锻炼才能达到最佳的体适能。

提高心肺耐力素质

心肺耐力是指全身肌肉进行长时间运动的持久能力，是体内心肺系统对身体各细胞的供氧能力。人体的心脏、肺、血管、血液等组织的功能是心肺耐力的基础，它们与氧气和营养物质的输送以及代谢物的清除有关。健全的心肺功能是健康的基本保证。

系统的体育锻炼，可以使心肌增厚，收缩力加强，心室容积增大，从而使心脏的泵血功能增强，表现为心血输出量增加。

系统的体育锻炼，呼吸系统机能也将得到提高，表现为呼吸肌的力量增强，肺活量、肺通气量明显增加，保证对机体供氧的能力。

系统的体育锻炼，可以促进血管系统的形态、机能和调节能力产生良好的适应力，从而提高机体的工作能力。

系统的体育锻炼，可以使血液系统产生某些适应性变化，如血容量增加、血黏度下降、红细胞膜弹性增强和红细胞变形能力增强等。

 提高肌肉力量素质

肌肉力量是指肌肉最大收缩产生的对抗阻力或负荷的能力。肌肉力量只有达到一定的程度，才能克服外界阻力，而克服外界阻力是维持日常生活自理、从事各种劳动和运动的必要前提。

系统的体育锻炼，可以提高肌肉的生理横断面积，可以改善神经系统对肌肉收缩的支配功能，还可以提高肌肉内代谢物质的储备量，使肌肉力量得到提高。

 提高柔韧性素质

柔韧性是指人体各关节的活动幅度，即关节的肌肉、肌腱和韧带等软组织的伸展能力。柔韧性对于保证正常生活质量、维持正常体态、预防损伤发生和减轻损伤程度等方面均起到至关重要的作用。

运动价值

系统的体育锻炼，还可以延缓因年龄因素而导致的柔韧性下降，预防因缺乏运动而导致的关节结构、周围软组织和膝关节肌肉退化，从而使锻炼者的日常生活、劳动和运动等更加充满活力。

改善身体成分

身体成分是指人体体重中的脂肪组织和去脂组织的重量百分比。身体成分中的脂肪成分增加，肌肉成分必然下降。身体中不具备收缩功能的脂肪组织增加，必然导致身体进行各种活动的能力下降，基础代谢水平降低，肥胖症、冠心病、高血压、糖尿病、高血脂等慢性疾病发病率的提高。因此，身体成分是保证人体健康的重要内容之一。

通过系统的体育锻炼，随着锻炼者体质的增强，热量消耗便随之增加，进而燃烧掉体内多余的脂肪，使身体成分得到改善。而身体成分的改善，又可以减少体重对关节可能带来的不利影响，还可以使肥胖者的心理状况得到改善，增强其自信心，使其逐步建立起健康的生活方式。

心理价值

研究证明，有规律的体育锻炼不但可以使锻炼者增强体质、促进身体健康、预防一些慢性疾病，还可以提高锻炼者的生活满意度和生活质量，对其心理健康产生积极影响。

体育锻炼的心理健康效应主要表现在六个方面：

改善情绪状态

❖ 短期效应

研究发现，体育锻炼对人的情绪状态具有显著的短期效应。运动后人们的焦虑、抑郁、紧张和心理紊乱等症状会明显减轻，而精力和愉快程度则明显增强。而且这种情绪的迅速变化，与锻炼者个体的健康状况、活动形式和活动强度等有着直接的联系。

 长期效应

体育锻炼对人情绪的长期效应有着直接的影响，与不锻炼者相比，有规律的锻炼者在较长时期内很少会产生焦虑、抑郁、紧张和心理紊乱等情绪。

完善个性行为特征 见表 2-2-1

见表 2-2-1

人们的行为特征一般可以分为两种类型，用 A 型行为特征和 B 型行为特征来表示。A 型行为特征主要表现为性情急躁、争强好胜、容易激动、整天忙碌和做事效率高等。B 型行为特征主要表现为不好竞争、不易紧张、不赶时间、对人随和、喜欢自由自在等。具有 A 型行为特征的人由于过度紧张的情绪反应，会引起内分泌失调，增加心脏病发病的概率。目前的一些研究主要集中在体育锻炼对改变 A 型行为特征的作用方面。研究结果表明，有规律的体育锻炼能明显改变 A 型行为特征。

表 2-2-1 A、B 型个性行为特征常见表现

A 型行为特征者常见表现	B 型行为特征者常见表现
约会从来不迟到	对约会很随便
竞争意识很强	竞争意识不强
别人要讲话时总爱抢先或插话	是别人讲话时很好的听众
总是匆匆忙忙	即使有压力也从不匆忙
等待时缺乏耐心	能够耐心等待
干事时全力以赴	处事漫不经心
同时想干很多事	在一段时间里只干一件事情
讲话喜欢用加强语气,甚至敲桌子	讲话语速缓慢、不慌不忙
做了好事希望能得到别人的认可	只要自己满意即可,不管别人怎样想
吃饭、走路都很快	做事情很慢
不善与人相处	为人随和
容易暴露自己的感情	能控制自己的感情
具有广泛的兴趣	没什么业余爱好
雄心壮志	满足于目前的工作和学习状况

确立良好自我概念

自我概念是指个体对自己身体、思想和情感的主观整体评价，它由许多自我认识组成，包括我是什么人、我主张什么和我喜欢什么等。

坚持体育锻炼，可以使锻炼者体格强健、精力充沛、提高驾驭身体的能力，从而改善对自身的满意程度，确立良好的自我概念。

改变睡眠模式

根据脑电图的显示，人的睡眠可以分为两种状态，即慢波睡眠状态和快波睡眠状态。前者为浅度睡眠状态，后者为深度睡眠状态。一夜之间两种睡眠状态会交替发生 4～5 次。

有规律的体育锻炼不仅对慢波睡眠有促进作用，而且能缩短入眠的潜伏期，并延长睡眠的时间。

改善认知能力

体育锻炼还能改善人的认知过程，避免反应时间过长、注意力不集中和思维混乱等症状的发生，尤其对老年人的认知能力改善效果更为明显。

增加心理治疗效应

体育锻炼被公认为是一种心理治疗的好方法。目前人群中常见的心理疾患是抑郁症和焦虑症。研究发现，体育锻炼是治疗抑郁症的有效手段之一，抑郁症患者经过有规律的体育锻炼，抑郁症状能明显减轻。

体育锻炼还具有治疗焦虑症的作用，通过有规律的体育锻炼，可以使锻炼者的焦虑症状明显改善。

第三节
运动保护

　　在运动过程中，人体机能会随时发生变化。因此，应针对这种机能变化的特点来进行体育锻炼，也就是我们所说的运动保护。运动保护一般包括运动前准备、运动后放松和自我养护三个方面。

 运动前准备 ◆◆◆◆◆◆◆◆◆

　　准备活动是指在正式运动之前进行的有目的的身体练习。做好充分的准备活动，可以缩短机体进入最佳状态的时间，同时还可以预防运动损伤的发生，为机体发挥最大的工作效率做好功能上的准备。

▼ 准备活动的作用

❊ 提高中枢神经系统兴奋状态

　　(1)使大脑反应速度加快，参加活动的运动中枢神经相互协调。
　　(2)为正式运动时生理机能达到适宜程度提前做好准备。

❊ 提高机体代谢水平

　　(1)准备活动可以使锻炼者体温升高，降低肌肉黏滞性，使肌肉的伸展性、柔韧性和弹性增强，从而有效预防运动损伤的发生。
　　(2)准备活动可以增强体内代谢酶的活性，使物质代谢水平提高，以保证运动时有较充分的能量供应。

❊ 克服内脏器官生理惰性

　　(1)准备活动可以提高心血管系统和呼吸系统的机能水平，使肺通气量及心血输出量增加。
　　(2)可以使心肌和骨骼肌的毛细血管扩张，使其工作肌获得更多的氧，从而克服内脏器官的生理惰性，使之尽快达到最佳状态。

增加皮肤毛细血管血流量

准备活动可以使皮肤毛细血管的血流量增加，运动后毛细血管扩张，有利于散热，降低体温，有效防止开始正式活动时由于体温过高而影响运动能力。

准备活动要求

 准备活动时间

（1）准备活动的时间可以根据运动项目的具体情况确定，一般以10～30分钟为宜。

（2）准备活动与正式运动的间隔时间，一般以不超过15分钟为宜，可以在做完准备活动后立刻进行正式运动。

准备活动强度

（1）准备活动的强度和量应较正式运动小，以免引起不必要的疲劳。

（2）准备活动的量可以由心率来决定，心率以100～120次／分为宜。

准备活动内容

一般性准备活动

一般性准备活动的内容多以伸展运动开始，然后进行一般性的跑步、徒手体操等活动。

下面介绍一套常用的一般性准备活动操，供锻炼者运动前使用。这套活动操主要包括头部运动、肩部运动、扩胸运动、体侧运动、体转运动、髋部运动和踢腿运动等。

图 2-3-1

头部运动

头部运动的动作方法（见图 2-3-1）：两手叉腰，两脚左右开立，做头部向前、向后、向左、向右，以及绕环运动。

肩部运动

肩部运动的动作方法（见图 2-3-2）：手扶肩部，屈臂向前、向后绕环，以及直臂绕环。

扩胸运动

扩胸运动的动作方法（见图 2-3-3）：屈臂向后振动及直臂向后振动。

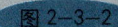
图 2-3-2

体侧运动

体侧运动的动作方法（见图 2-3-4）：两脚左右开立，一手叉腰，另一臂上举，并随上体向对侧振动。

体转运动

体转运动的动作方法（见图 2-3-5）：两脚左右开立，两臂体前屈，身体向左、向右有节奏地扭转。

髋部运动

髋部运动的动作方法（见图 2-3-6）：两脚左右开立，两手叉腰，髋关节放松，向左、向右 360 度旋转。

图 2-3-3

踢腿运动

踢腿运动的动作方法（见图 2-3-7）：两臂上举后振，同时一腿向后半步，重心置于前腿，两臂下摆后振，同时向前上方踢腿。

图 2-3-4 　　　　　　　　图 2-3-5

图 2-3-6 　　　　　　　　图 2-3-7

专门性准备活动

专门性准备活动的动作方法、节奏和强度等与正式锻炼相似，目的是使人体主要肌群在运动前得到动员，为正式锻炼做好准备。

运动后放松 ◆◆◆◆◆◆◆◆

运动后放松是指运动之后所进行的一些能够加速机体功能恢复的、较轻松的身体活动。与运动前准备活动相反，其目的是使锻炼者的生理机能水平逐步得到恢复。

运动性手段

（1）运动结束后，锻炼者可采用变换运动部位的方法来消除疲劳，如上肢出现疲劳时可做一些慢跑运动，下肢出现疲劳时可做一些上肢运动。

（2）转换运动类型也是一种不错的放松方法，如打羽毛球出现疲劳时，可从事瑜伽运动来达到放松的目的。

（3）还可以用调整运动强度的方法来缓解疲劳，如可以在放松过程中，采用小强度的轻微运动方法等。

整理活动 见图 2-3-8

（1）整理活动是指运动后所做的一些能够加速机体功能恢复的身体活动，如剧烈运动后进行 3～5 分钟慢跑或其他整理活动，使身体机能得以恢复。

（2）剧烈运动后如不做整理活动而骤然停止动作，会影响氧气的补充和静脉血的回流，使机体血压降低，引起不良反应。

图 2—3—8

（1）在进行整理活动时动作应缓慢、放松，运动量不要过大，否则会引起新的疲劳。

（2）在进行整理活动时，应当保持心情舒畅、精神愉快。

锻炼后，锻炼者感觉身体疲劳是一种正常的生理现象，是体育锻炼过程中的正常反应，随着体育锻炼时间的延长，疲劳症状会自然消失。运动性疲劳出现后，锻炼者如果采用一些自我养护措施，可以加速身体机能的恢复，尽快消除疲劳，提高锻炼效果。常见的自我养护方法主要包括运动后休息、合理营养和物理手段等三种。

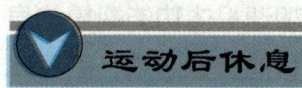

静止性休息　见图 2—3—9

（1）静止性休息是指锻炼者运动后保持机体相对的静止状态，以促进身体机能的恢复，尽快消除疲劳。

（2）静止性休息的最佳方式之一是睡眠，特别是刚开始从事锻炼者，身体不适应或疲劳症状明显时，更应该保证足够的睡眠，否则，锻炼者虽然积极参加了体育锻炼，但收效甚微，甚至会导致过度疲劳症状的发生。

（3）静止性休息更适合于消除全身运动导致的整体疲劳症状。

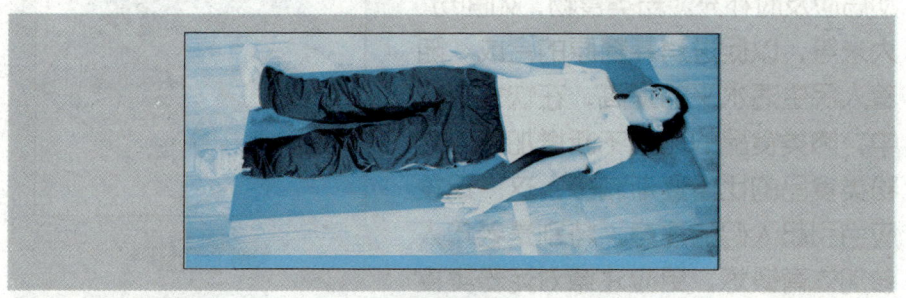

图 2-3-9

积极性休息 见图 2-3-10

（1）积极性休息更适合由于少量肌肉群参与工作而导致的局部疲劳，或运动强度较大而导致的快速疲劳。

（2）积极性休息可以加速血液循环，有利于代谢物排出体外，对促进身体机能的恢复具有明显的效果。

图 2-3-10

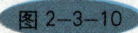

合理营养　见图2—3—11

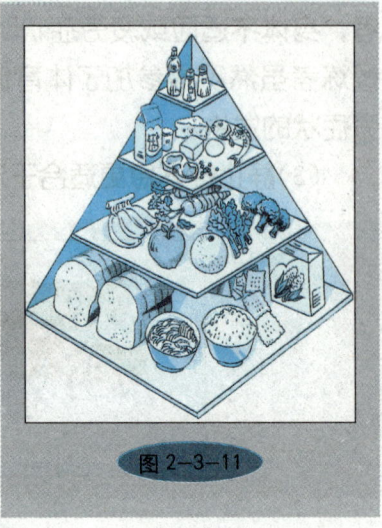
图2—3—11

小强度、长时间的运动形式，主要是靠糖原的有氧代谢提供能量。运动后应及时补充淀粉类食物，如面粉、大米等，以促进消耗糖原的合成。随着人民生活水平的提高，在饮食结构中，肉类食品的比重不断增加，而淀粉类食品的比重逐渐减少，这一现象应当引起人们的注意，特别是老年人参加体育锻炼，更应注意对淀粉类食物的补充。

强度较大、时间又相对较长的运动形式，主要是靠糖原的无氧代谢提供能量。这样，糖原无氧代谢产物——乳酸便会在体内大量堆积。因此，运动后应多补充蔬菜、水果等碱性食品，以加速乳酸的清除，达到尽快消除疲劳的目的。

物理手段

按摩及牵拉　见图2—3—12

（1）通过刺激神经末梢、皮肤结缔组织和毛细血管的按摩方法，可以使紧张的肌肉得以放松，从而改善局部组织和全身的血液循环，达到促进身体机能恢复的目的，这种方法可以在锻炼后马上进行。

（2）此外，还可以采取缓慢牵拉肌肉的方法，使收缩的肌肉得到充分的伸展放松。

水疗及电疗

（1）水疗包括芬兰式蒸汽浴、热水浴和桑拿浴等多种形式，主要作用是通过提高体温，促进血液循环，清除代谢物，以达到尽快消除疲劳、恢复体力的目的。

（2）水疗的时间一般以不超过30分钟为宜，如果时间过长，会进一步消耗体力，严重时甚至会出现暂时性脑缺血现象。

（3）如果条件允许，还可对疲劳的肌肉进行低频治疗。低频治疗仪的原理是模拟针灸疗法，使用时将电极用不干胶对称地粘贴在运动部位表皮上。这种疗法可以促进局部血液循环，改善组织代谢，缓解肌肉酸痛，消除疲劳。

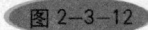

图2-3-12

第三章 基本技术

　　羽毛球技术是指选手在比赛中所采用的动作方法的总称。羽毛球的主要基本技术分为手法和步法两大类。手法包括握拍技术、发球技术、接发球技术、后场高空击球技术、前场网上击球技术和下手击球技术等;步法包括上网步法、后退步法、两侧移动步法和起跳腾空步法等。

第一节

握拍技术

握拍技术是羽毛球运动的最基本的技术,正确的握拍方法是掌握和提高羽毛球技术水平的重要基础。基本握拍法有两种,即正手握拍和反手握拍。

正手握拍是用正手击球的握拍方法。

动作方法 见图3—1—1

(1)虎口对着拍柄窄面的小棱边,拇指和食指贴在拍柄的两个宽面上,食指和中指略分开,中指、无名指和小指并拢握住拍柄;

(2)拍柄与手腕末端相平,拍面基本与地面垂直。

技术要点

(1)拍柄与掌心不要贴紧,应留有空隙,握拍的位置可视个人的情况而定;

(2)握拍力度要适宜,恰似握着一个鸡蛋,重则破损,轻则滑落。

错误纠正

练习时易出现握拍动作僵硬等问题。因此,应多加练习,体会动作要领。

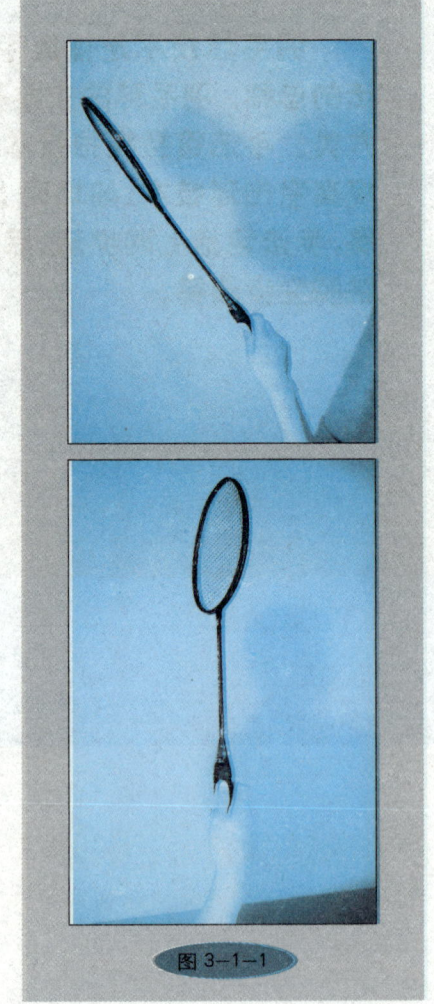

图3—1—1

反手握拍

反手握拍是用反手击球时的握拍方法。

动作方法 见图 3-1-2

（1）在正手握拍的基础上，拇指和食指将拍柄略向外转，拇指顶点在拍柄内侧的宽面上或内侧棱上，中指、无名指和小指并拢握住拍柄，柄端靠近小指根部；

（2）球拍斜侧向身体左侧，拍面略后仰。

技术要点

（1）击球时，靠食指及三指紧握拍柄，同时拇指前顶发力击球；

（2）为了便于发力，掌心与拍柄间要留有充分的空隙。

错误纠正

练习时易出现握拍姿势不正确、动作僵硬等问题。因此，应多加练习，体会动作要领。

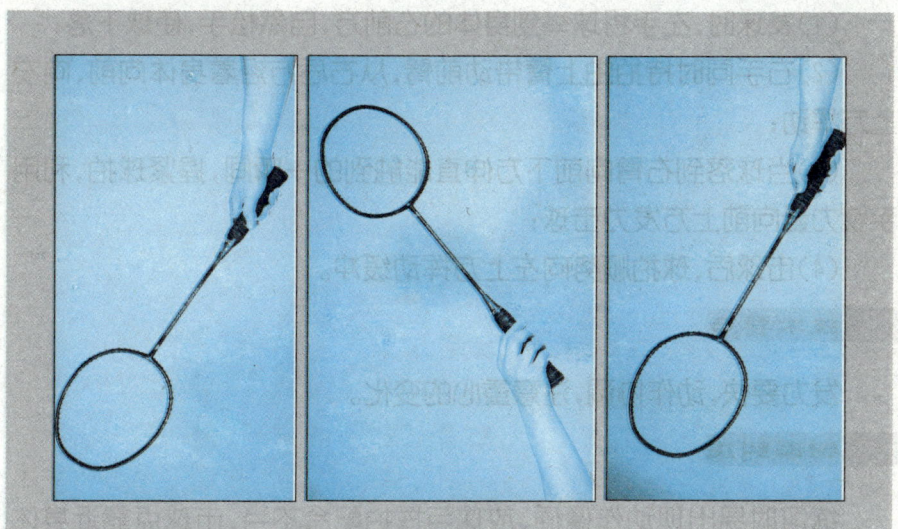

图 3-1-2

第二节

发球技术

　　发球是组织进攻的开始,通过不同发球手法,发出不同弧度和不同落点的球,从而控制对方,为本方创造进攻得分的机会。发球按握拍法的不同,可分为正手发球和反手发球等。

　　正手发球包括发高远球、发平高球、发平快球和发网前球等。

动作方法　见图3-2-1

　　(1)发球时,左手将球举到身体的右前方,自然松手,使球下落;

　　(2)右手同时持拍由上臂带动前臂,从右后方沿着身体向前、向左上方挥动;

　　(3)当球落到右臂向前下方伸直能触到的一瞬间,握紧球拍,利用手腕力量向前上方发力击球;

　　(4)击球后,球拍顺势向左上方挥动缓冲。

技术要点

　　发力要快,动作协调,注意重心的变化。

错误纠正

　　练习时易出现动作僵硬、放球与挥拍配合不当、击球点靠近身体或离身体太远、握拍太紧等问题。因此,应依照先分解后连贯、从简单到复杂的顺序,按照动作要领做挥拍练习,直至熟练。

图 3-2-1

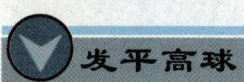

发平高球

动作方法 见图 3-2-2

（1）准备姿势同发高远球；

（2）在击球的一瞬间，前臂加速带动手腕向前上方挥动，拍面要向前上方倾斜，以向前用力为主。

技术要点

注意发出球的弧线以对方打不到球的高度为宜，并应发到对方场区底线内。

❋ 错误纠正

练习时易出现发力不协调等问题。因此,应多加练习,加强身体素质训练。

图 3—2—2

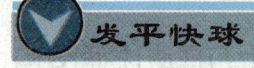 发平快球

❋ 动作方法 见图 3—2—3

（1）准备姿势同发高远球,站位比发平高球略后些;

（2）充分利用前臂带动手腕爆发力向前方用力,球直接从对方的肩部略上高度越过,直攻对方后场。

技术要点

发球角度要低,速度要快。

错误纠正

练习时易出现过手、过腰犯规等问题。因此,应多加练习,可通过摄像技术加以监督,体会动作要领。

图 3—2—3

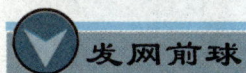 **发网前球**

动作方法 见图 3—2—4

(1)准备姿势同发高远球;

（2）击球时，握拍要放松，上臂动作要小，主要靠前臂带动手腕向前切送，用力要轻。

技术要点

（1）注意手腕不能有上挑动作；

（2）落点要在前发球线附近，发出的球要贴网而过，这样可避免对方扑杀。

错误纠正

练习时易出现过手、过腰犯规等问题。因此，应多加练习，并且通过摄像技术加以监督。

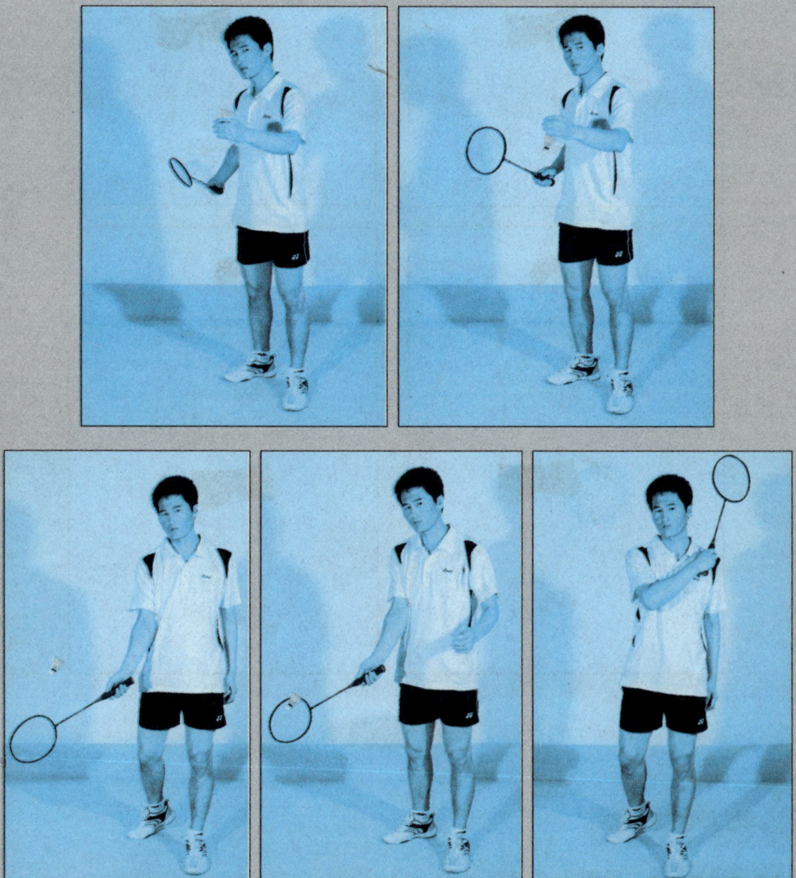

图 3—2—4

反手发球

反手发球的特点是动作小、出球快、对方不易判断,在双打比赛中多采用此发球技术。反手发球包括发平高球、发平射球和发网前球等。

发平高球

动作方法 见图3-2-5

(1)站位靠近前发球线,右脚在前,左脚尖侧后点地,重心放在右脚上;

(2)左手拇指、中指、食指握住球的羽毛处,置于腹前,右臂屈肘略向上提起,用反手握拍,以反拍面将球拍自然置于腹前,目视前方,呈发球前的准备姿势;

(3)左手放球的同时,持拍手前臂内旋,带动手腕展腕,由后向前做回环半弧形挥动,击球时屈指、手腕发力,用反拍面向前上方将球击出;

(4)击球后以制动动作结束发力,并注意将握拍姿势迅速调整为正手握拍。

技术要点

注意身体的姿势,以及发球后的基本站位等衔接技术。

错误纠正

练习时易出现过手、过腰犯规等问题。因此,应多加练习,可通过摄像技术加以监督,体会动作要领。

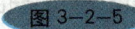

图 3-2-5

发平射球

动作方法　见图 3-2-6

与反手发平高球动作相同,击球时,尽可能地提高击球点,利用拇指的顶力,拍面与地面约呈 90 度角,迅速向前推进击球。

技术要点

注意发球的高度和角度,提高发球速度。

错误纠正

练习时易出现过手、过腰犯规等问题。因此,应多加练习,可通过摄像技术加以监督,体会动作要领。

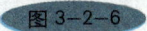

图 3-2-6

发网前球

动作方法　见图 3-2-7

（1）站在前发球线后 10～50 厘米及发球区中线附近，也可以站在前发球线及场地边线附近；

（2）面向球网，两脚前后站立（左脚或右脚在前均可），上体略前倾，身体重心在前脚上；

（3）右手反手握拍，左手拇指、食指和中指捏住球的二三根羽毛，球托明显朝下（避免犯规），球体与拍面平行或球托对准拍面、放在拍面前方；

（4）击球时，前臂带动手腕朝前横切推送。

技术要点

用力要轻，主要靠"切"送。

错误纠正

练习时易出现过手、过腰犯规等问题。因此，应多加练习，可通过摄像技术加以监督，体会动作要领。

图 3—2—7

第三节

接发球技术

　　接发球是还击对方发球的技术动作。良好的接发球不仅可以破坏发球方的战术企图，还可以由守反攻，掌握比赛主动权。因此，接发球是初学者不可忽视的技术。

 **接发球站位**

接发球站位包括单打接发球站位和双打接发球站位等。

 单打接发球站位

动作方法 见图 3-3-1

（1）站在离前发球线 1.5 米处，左脚在前，右脚在后，两膝略屈，收腹含胸，身体重心放在前脚，后脚脚跟略抬起；

（2）身体半侧向球网，球拍举在身前，注视对方。

技术要点

右发球区要站在靠近中线的位置，左发球区则站在靠近左边线的位置，主要是防备对方进攻反手部位。

错误纠正

练习时易出现身体重心的位置不正确、站位太靠前或太靠后、接发球时踩线犯规等问题。因此，应将重心放在前脚，找好站位的距离，站位时注意观察自己是否违例。

接发球技术

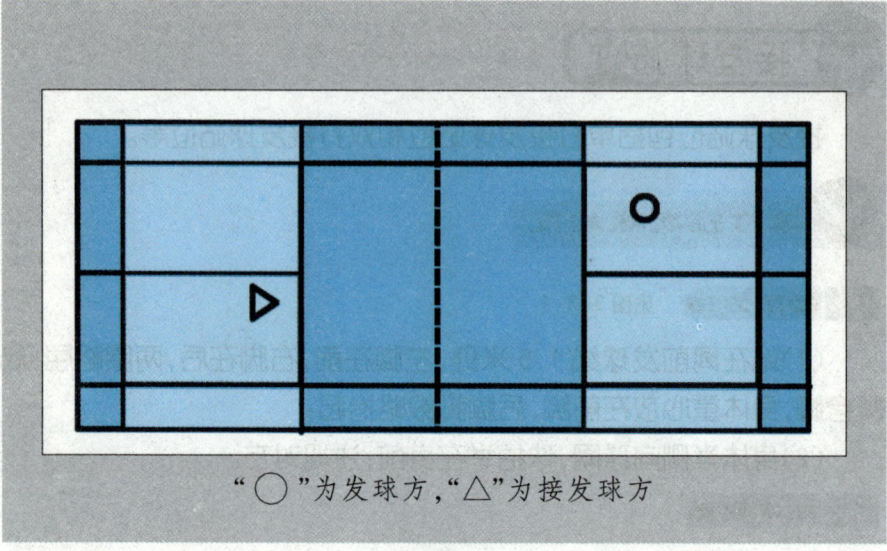

"○"为发球方，"△"为接发球方

图 3—3—1

 双打接发球站位

动作方法 见图 3—3—2

（1）站在靠近前发球线的位置；

（2）左脚在前，右脚在后，两膝略屈，收腹含胸，身体前倾，可将重心放在任何一脚；

（3）球拍高举，注视对方，尤其要注意右场区对方发平快球突袭本方反手部位。

技术要点

由于双打发球区比单打发球区短 0.76 米，双打时发高远球易被对方扣杀，所以多发网前球。

错误纠正

练习时易出现身体重心的位置不正确、站位太靠前或太靠后、接发球时踩线犯规等问题。因此，应将重心放在前脚，找好站位的距离，站位时注意观察自己是否违例。

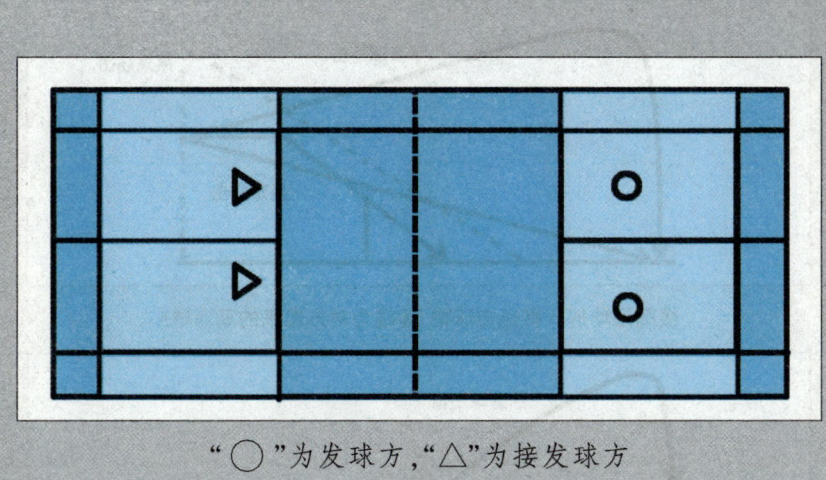

"○"为发球方，"△"为接发球方

图 3-3-2

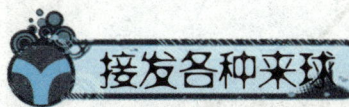 **接发各种来球**

接发球战技术的关键就是要根据对方来球的不同,灵活应变。

动作方法 见图 3-3-3

(1)对方发来高远球时,可用平高球、吊球或杀球还击,但其前提是具备良好的后场进攻技术,否则可能会遭到对方反击;

(2)对方发来网前球时,可用平高球或平推球还击,使球的落点远离对方站位,不让其进攻;

(3)对方发来平快球时,可用平推球或平高球还击,以快制快,也可用高远球还击,以逸待劳。

技术要点

反应迅速,灵活应变。

错误纠正

练习时易出现反应速度慢,导致接发球失误等问题。应此,应多练习接各种来球,体会动作要领。

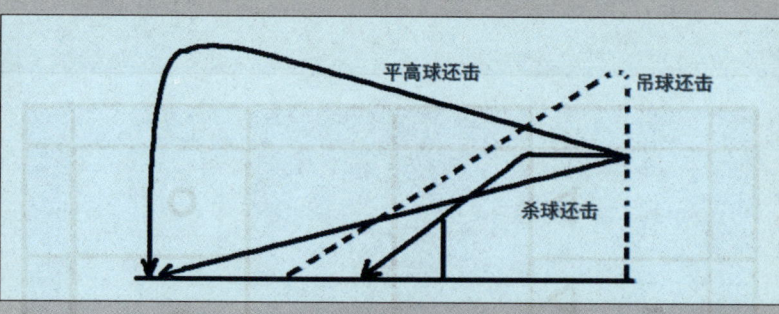

接高远球的 3 种还击球路（虚线为对方发来的高远球）

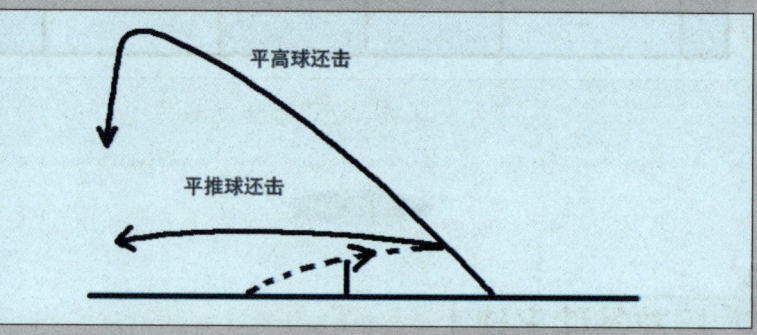

接网前球的 3 种还击球路（虚线为对方发来的高远球）

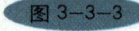

图 3--3--3

第四节

后场高空击球技术

后场高空击球也称"后场上手击球"，即在尽可能高的击球点上，还击对方由底线附近击来的高球。它具有主动性强、击球力量大等特点，可给对方造成较大的威胁，是初学者必须掌握的技术。后场高空击球技术包括高远球、平高球、吊球和杀球等。

以较高的弧线将来球击到对方场区底线附近叫作击高远球。击高

远球是一切上手击球动作的基础，包括正手击高远球、反手击高远球和头顶击高远球等。

正手击高远球

动作方法 见图3-4-1

（1）判断来球的方向和落点，侧身后退，使球在自己右肩略前上方的位置；

（2）左肩对网，左脚在前，右脚在后，重心在右脚上，左臂屈肘，左手自然高举，右手持拍，手臂自然弯曲，将球拍举在右肩上方，目视来球；

（3）击球时，由准备动作开始，上臂后引，随之肘关节上提，明显高于肩部，将球拍后引至头部后方，自然伸腕（拳心朝上）；

（4）后脚蹬地，转体，腰腹协调用力，以肩关节为轴，上臂带动前臂快速向前上方甩动手腕，在手臂伸直的最高点击球；

（5）击球后，持拍手臂顺惯性往前下方挥动，并收拍至体前，身体重心由后脚移到前脚。

技术要点

高点击球，前臂内旋发力。

错误纠正

练习时易出现沉肘、击球点不高等问题。因此，应多进行架拍和击球练习，体会动作要领。

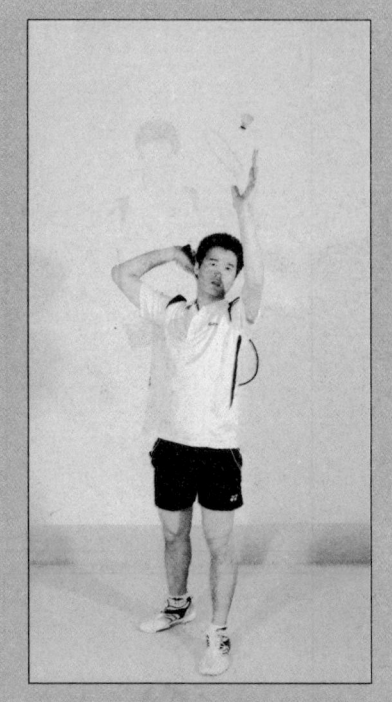

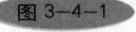

图 3-4-1

反手击高远球

动作方法　见图 3-4-2

（1）判断来球的方向和落点，迅速将身体转向左后方，背对球网，身体重心在右脚上，使球在身体的右肩上方；

（2）击球前，由正手握拍迅速换为反手握拍，并持拍于胸前，拍面朝上；

（3）击球时，以上臂带动前臂，通过手腕闪动，自上而下甩臂将球击出。

技术要点

在最后用力时，注意拇指的侧压力与甩腕的配合，同时还要利用两腿的蹬地、转体等协调全身用力。

错误纠正

练习时易出现击球点低等问题。因此，应多加练习，体会动作要领。

图 3—4—2

 头顶击高远球

动作方法 见图 3—4—3

（1）击球前期动作同正手击高远球,只是击球点在左肩上方（因为球是飞向左后角的）;

（2）准备击球时,侧身（左肩对网）略左后仰;

（3）击球时,上臂带动前臂使球绕过头顶,从左上方向前加速挥动,注意发挥手腕的爆发力和充分利用蹬地、收腹的力量;

（4）击球后,左脚在身后着地后,立即回蹬,同时右脚前移,重心移至右脚。

技术要点

上下肢动作协调,身体的背弓要到位,在收拍的同时,步法要到位。

　　练习时易出现背弓不到位、脚步的交叉跟不上等问题。因此,应加强背部的肌肉力量训练以及身体的协调性练习。

图 3-4-3

技术　后场高空击球

击出球的飞行弧线比高远球低，但对方举拍又拦截不到，落点在对方端线附近场区内的球，称为平高球。在比赛中，通常运用平高球控制对方后场底线两角，迫使对方在匆忙后退中回击球。平高球是比赛中控制与反控制、直接进攻或主动过渡，以创造进攻机会的有效手段，包括正手击平高球、反手击平高球和头顶击平高球等。

动作方法　见图 3—4—4

与正手击高远球动作基本相同，只是击球时拍面角度有所不同，拍面较击高远球小，大约与地面呈 90 度。

技术要点

（1）上下肢动作协调，在收拍的同时，注意身体重心的转换；

（2）手腕的控制要到位，发力时注意控制角度和力量。

错误纠正

练习时易出现击球时的手腕角度不正确等问题。因此，应加强手腕的手感练习，体会动作要领。

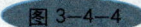
图 3-4-4

 反手击平高球

动作方法 见图 3-4-5

与反手击高远球动作基本相同,只是击球时拍面角度有所不同,拍面较击高远球小,大约与地面呈 90 度。

技术要点

注意球拍拍面的控制。

错误纠正

练习时易出现击球点不正确、发不上力等问题。因此,应多加练习,体会动作要领。

基本技术

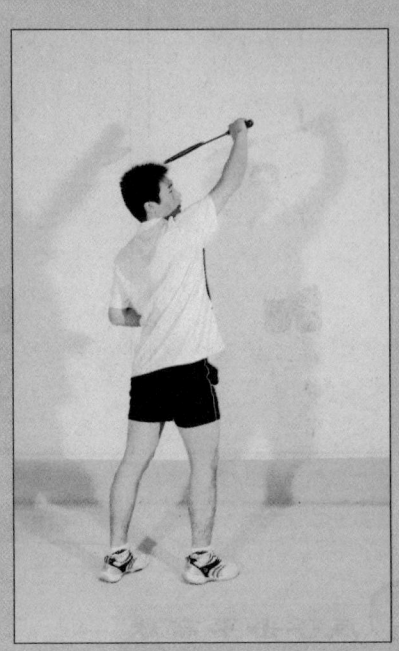

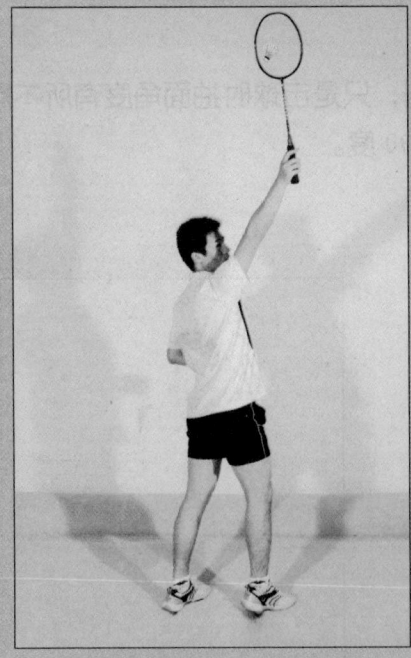

图 3—4—5

头顶击平高球

动作方法 见图 3-4-6

与头顶击高远球动作基本相同，只是击球时拍面角度有所不同，拍面较高远球小，大约与地面呈 90 度。

技术要点

(1) 上下肢动作协调，身体的背弓要到位，而且在收拍的同时，脚步要交叉到位；

(2) 手腕的控制要到位，在发力的时候控制角度和力量。

错误纠正

练习时易出现击球时的手腕角度不正确、背弓角度不到位等问题。因此，应加强手腕的手感练习，以及背部力量的训练。

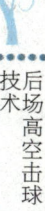

图 3-4-6

吊球

把对方击来的后场高球还击到对方网前区的击球法称为吊球。它的作用是调动对方站位，以利于步法组织进攻，包括正手吊球、反手吊球和头顶吊球等。

正手吊球

劈吊(快吊)

 动作方法 见图 3-4-7

(1)击球前期动作同正手击高远球；

（2）击球时，拍面正面向内倾斜，手腕做快速切削下压动作；

（3）若劈吊斜线球，则球拍切削球托的右侧，并向左下方发力；

（4）若劈吊直线球，则拍面正对前方，向前下方切削。

✿ **技术要点**

注意速度要快。

✿ **错误纠正**

练习时易出现切球的位置不正确等问题。因此，应多加练习，寻找击球的手感。

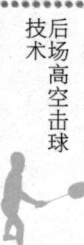

技术 后场高空击球

图 3—4—7

轻吊(拦截吊)

❀ **动作方法** 见图 3—4—8

（1）击球前期动作同正手击高远球；

（2）击球时，一种轻吊时的拍面变化与劈吊基本一致，但用力要更轻些；

（3）另一种拍面正击球托或借助来球的反弹力用球拍轻挡，使球过网后贴网而下。

❀ **技术要点**

在击球时要有一个拍面的下压动作。

❀ **错误纠正**

练习时易出现在过网时球过高等问题。因此，应加强手感练习，注意在击球时控制好拍面。

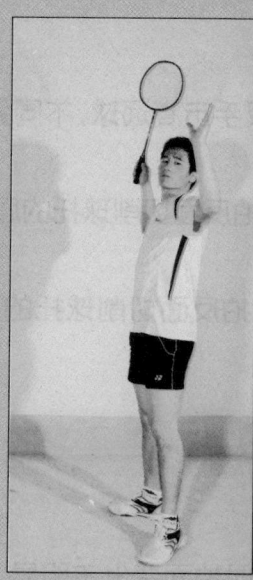

图 3-4-8

基本技术

反手吊球

⚙ **动作方法** 见图3-4-9

（1）击球前期动作同反手击高远球，不同处在于触球时拍面的掌握和力量运用；

（2）吊直线球时，用球拍反面切削球托的后中部，朝对方右网前发力；

（3）吊斜线球时，用球拍反面切削球托的左侧，朝对方左网前发力。

⚙ **技术要点**

球拍的拍面要有变化。

⚙ **错误纠正**

练习时易出现在击球时拍面变化不明显、击球位置不正确等问题。因此，应多加练习，体会动作要领。

图 3-4-9

头顶吊球

动作方法 见图 3-4-10

（1）击球前期动作同头顶击高远球,不同处在于触球时拍面的掌握和力量运用;

（2）吊直线球动作与正手吊直线球基本一致,只是击球点在头顶;

（3）吊斜线球时,球拍正面向外转,切削球托的左侧,朝右前下方发力。

技术要点

上下肢动作协调,背弓和交叉步要做到位。

错误纠正

　　练习时易出现手形不到位，导致拍面不正确等问题。因此，应加强手感练习，以及背部肌肉力量的训练。

图 3-4-10

 **杀球**

　　杀球是把对方击来的球从尽量高的击球点斜压下去,特点是力量大、路线直、落地快、威胁大,常在对方回球较高,并且本方起跳比较方便时使用,是一种主要的进攻技术。杀球包括正手击杀球、反手击杀球和头顶击杀球等。

正手击杀球

 **动作方法** 　见图 3-4-11

　　(1)击球前期动作同正手击高远球,只是最后用力的方向朝下;

　　(2)充分利用蹬地、转体、收腹以及手臂和手腕的爆发力全力将球向下击出,击球的一瞬间紧握球拍;

　　(3)击球后,球拍顺惯性朝前下方挥动,并收拍至体前。

技术要点

　　力量要大,速度要快,击球时以肩关节为轴挥臂。

错误纠正

　　练习时易出现击球点选择不当，影响击球用力，击球时全身用力不协调等问题。因此，应多加练习，体会动作要领。

图 3-4-11

▼ 反手击杀球

🏵 **动作方法**　见图 3-4-12

（1）击球前期动作同反手击高远球，只是击球时，拍面角度一般控制在 75～85 度，反拍面保持前倾，发力方向是前下方；

（2）加快手臂和手腕朝下的闪动，击球点尽可能高些、前些，这样便于力量的发挥。

🏵 **技术要点**

动作要快，手腕变化迅速，同时身体的跟进速度要快。

🏵 **错误纠正**

练习时易出现步法不到位、击球点掌握不好、击球时用力过早或过迟等问题。因此，应多加练习，体会动作要领。

图 3—4—12

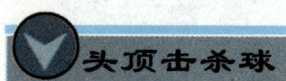 头顶击杀球

	动作方法　见图 3—4—13

　　击球前期动作同头顶击高远球，只是击球时要充分利用腰腹力量，以前臂带动手腕快速下扣。

	技术要点

　　注意点杀的发力以及身体的跟进速度。

	错误纠正

　　练习时易出现击球点过后或过低，动作过分紧张、僵硬，挥臂时以肘关节为轴，击球时手腕下"甩"等问题。因此，应加强练习，同时加强背部肌肉力量的训练。

图 3-4-13

第五节

前场网上击球技术

　　网上击球是调动对方、寻找战机的重要手段，可直接得分。由于它的技术动作注重细节，运用力量要适度，所以在练习网上击球时，除了要注意动作规范之外，还应细心体会击球时手腕、手指的细小感觉。前场网上击球技术包括搓球、放网前球、勾对角球、推球和扑球等。

　　搓球是用球拍搓击球的左侧下部（或右侧下部）的球托底部，使球向右侧或左侧旋转翻滚过网的一种羽毛球技术。其特点是球在越过网顶后轨迹异常，造成对方回击困难，从而创造进攻机会。搓球分为正手搓球和反手搓球等。

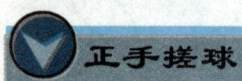

动作方法　　见图3-5-1

　　（1）侧身对网，右脚跨步呈弓箭步，左脚在后自然拉开，上体略向前倾，右手持拍前伸约与肩持平，肘关节略屈，握拍要放松；

　　（2）击球时，采用正手握拍方法，拍面略前倾，利用手腕和手指的力量向前"切削"球托底部或向后"提拉"，使球击出后旋转或滚动过网。

技术要点

　　注意上网时机，以及脚步和身体的位置。

错误纠正

　　练习时易出现脚步不到位、重心不稳、击球时机掌握不好，造成击球下网和击不到球等问题。因此,应多加练习,体会动作要领。

图 3-5-1

反手搓球

🏵 **动作方法** 见图 3-5-2

(1)击球前前臂略往上举,手腕前屈,手背约与网同高,而拍面低于网顶,反拍面迎球;

(2)击球时,拍面略前倾,利用手腕和手指的力量向前"切削"球托底部或向后"提拉",使球击出后旋转或滚动过网。

🏵 **技术要点**

注意手腕的高度要高于肘部,切球的速度要快,讲究高点击球。

🏵 **错误纠正**

练习时易出现手腕的高度不够、击球点过低等问题。因此,应加强脚步练习,并且在击球时控制手腕的高度。

图 3-5-2

　　放网前球是调动对方的技术方法之一，也是在自己主动上网或者在非常被动地处理网前球时所采用的技术，包括正手放网前球和反手放网前球等。

正手放网前球

　见图 3-5-3

　　(1)击球前期动作同正手搓球，只是击球的手腕与拍面的角度不同；
　　(2)击球时，拍面略朝前下方倾斜，前臂带动手腕和手指用前送动作击球托底部。

技术要点

　　脚步移动到网前要迅速，控制击球的力量。

❀ 错误纠正

　　练习时易出现脚步移动过慢、手腕击球力量过大或过小等问题。因此,应加强脚步移动和手腕力量的控制练习,体会动作要领。

图 3-5-3

 **反手放网前球**

❀ 动作方法　见图 3-5-4

　　(1)击球前期动作同反手搓球;

　　(2)击球时,拍面略朝前下方倾斜,前臂带动手腕和手指用前送动作击球托底部。

❀ 技术要点

　　脚步移动到网前要迅速,控制击球的力量。

❀ 错误纠正

　　练习时易出现脚步移动过慢、手腕击球力量过大或者过小等问题。因此,应加强脚步移动和手腕力量的控制练习,体会动作要领。

图 3-5-4

 勾对角球 ◆◆◆◆◆◆

在网前把来球回击到网前对角线,叫作勾对角球。勾对角球是选手在比赛中斗网前球的一种变化手段,具有很强的观赏性,包括正手勾对角球和反手勾对角球等。

 正手勾对角球

动作方法 见图 3-5-5

(1)击球前期动作同正手击网前球;

(2)击球时,拍面斜向对方右(左)网前,正手勾对角线时,击球托的右侧,手腕和手指带动球拍向左内侧勾动。

技术要点

注意脚步的跟进以及手法的一致性,作出假动作,拍面的变化要迅速。

✿ 错误纠正

　　练习时易出现击球点过低、脚步跟进过慢等问题。因此,应加强脚步移动和手腕力量的控制练习,体会动作要领。

图 3-5-5

✿ 动作方法　见图 3-5-6

　　(1)击球前期动作同反手搓球;

　　(2)击球时,拍面斜向对方右(左)网前,反手勾对角时,击球托的左侧,同时向右内侧勾动。

✿ 技术要点

　　注意脚步的跟进、手法的控制和击球点的高度。

✿ 错误纠正

　　练习时易出现脚步不到位、手法控制不好、击球点过低等问题。因此,应加强上网步法的速度练习,并多进行手法和击球练习,体会动作要领。

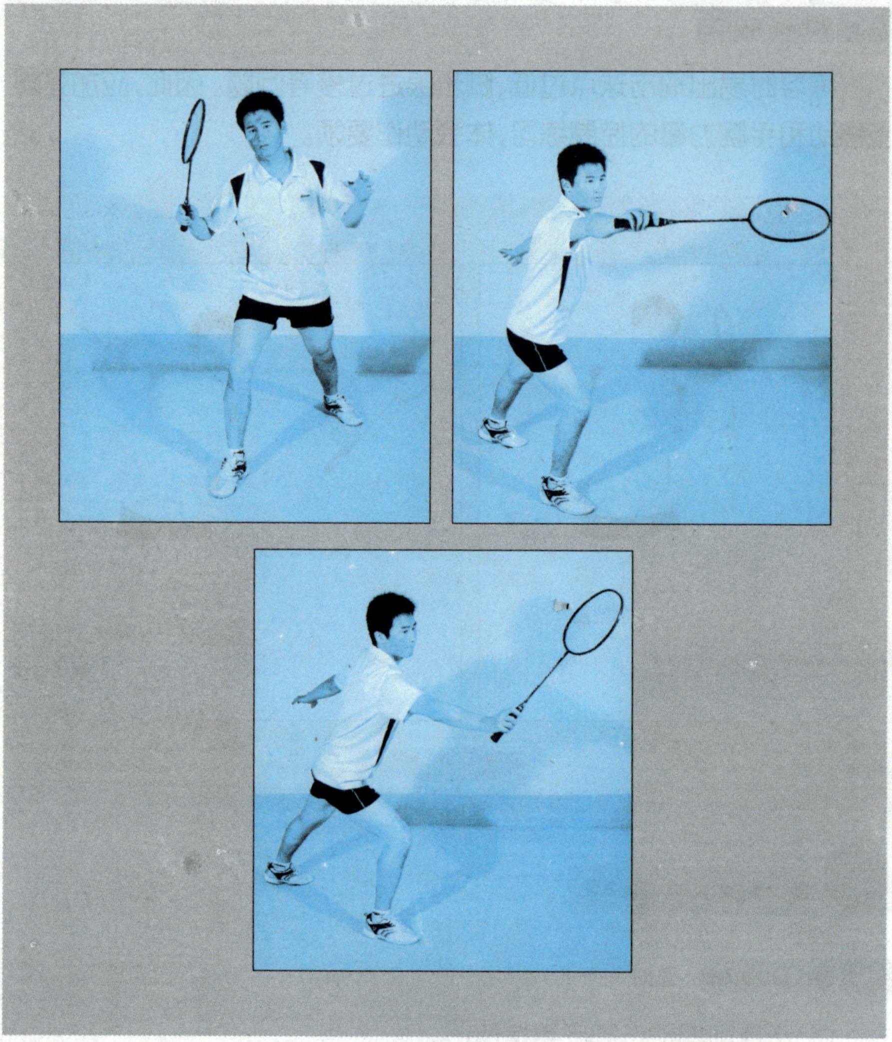

图 3—5—6

推球是把对方击来的网前球推击到对方的后场两底角，其特点是平快有力、进攻性强，常在看到对方放网前球准备上网时采用。推球包括正手推球和反手推球等。

动作方法 见图 3-5-7

(1)击球前期动作同正手搓球；

(2)击球时,拍面前倾,几乎与网平行,利用前臂带动手腕和手指的快速"闪动"将球击出。

技术要点

手腕的闪动要快,正手推球多用食指力量。

错误纠正

练习时易出现手腕闪动不快、力量不够等问题。因此,应加强手腕的力量练习。

图 3—5—7

 反手推球

动作方法 见图 3-5-8

（1）击球前期动作同反手搓球；

（2）击球时，拍面前倾，几乎与球网平行，利用前臂带动手腕和手指的快速"闪动"将球击出。

技术要点

在击球前要有一个引拍的动作，手腕的"闪动"要快。

错误纠正

练习时易出现手腕闪动不快、力量不够等问题。因此，应加强手腕的力量练习。

图 3—5—8

扑球

对方击来的网前球刚过网,高度仍在网沿上方时,即迅速上网挥击下压过去,称为扑球。由于扑球速度快,飞行的路线又短,往往使对

方来不及挽救，是威力最大的进攻技术之一。

 **动作方法** 见图 3—5—9

　　(1)跨步上网，屈肘向前上方举拍，运用前臂和手腕的力量（正手扑球用屈腕，反手扑球用伸腕），在体前用前倾的拍面向前下方挥击；

　　(2)击球时，拍面前倾，前臂带动手腕和手指快速闪动发力；

　　(3)击球后，立即收拍，以免触网犯规。

 **技术要点**

　　身体在击球时一定要跟上，脚步移动要迅速，出手要快而准。

 **错误纠正**

　　练习时易出现身体跟进不够、扑球速度慢等问题。因此，应加强身体的反应练习，提高出手的准度和速度。

图 3—5—9

第六节

下手击球技术

　　下手击球一般是在防守时所采用的击球技术。它虽然不像上手击球那样具有进攻性威胁，但如果运用得当，往往也能起到守中有攻的效果。因此，初学者应该引起重视。下手击球技术包括底线抽球、挑球和接杀球等。

 底线抽球

　　底线抽球主要是为了对付长杀球、平推球或对方突然回击的平高球，使自己较被动地退到底线去接球时，所采用的一种击球技术。底线抽球包括正手抽球和反手抽球等。

正手抽球

动作方法 见图3-6-1

　　(1)移动时，右脚先向右后场区迈一小步，身体也随之转向右后方；

　　(2)左脚用并步或交叉步向右后场移动一步，右脚再向右后场跨一大步，呈弓箭步，重心在右脚上；

　　(3)在移动的同时，持拍手臂往右后方拉，拍面略后仰；

　　(4)击球时，以躯干为竖轴，做半圆式挥拍击球。

技术要点

　　球拍的空中轨迹略呈半圆，引拍时注意肘部要在手腕的前方。

错误纠正

　　练习时易出现肘部落后、挥拍速度不够等问题。因此，应加强手臂的力量练习，体会动作要领。

图 3-6-1

反手抽球

动作方法 见图 3-6-2

(1)移动时,右脚先向左脚靠一小步,然后左脚向左后场跨一步,右脚向左后场跨一大步,身体重心在右脚上;

(2)击球前,背朝球网,上臂往左后方拉;

(3)击球时,利用上臂带动前臂及手腕从左后方向前上方发力,利用蹬地、转腰的力量将球击出。

❀ 技术要点

　　击球点要掌握好,注意手臂的引拍要到位,击球闪动要快。

❀ 错误纠正

　　练习时易出现引拍不到位、击球点不对等问题。因此,应多加练习,体会动作要领。

基本技术

图 3-6-2

挑球

把对方发来的吊球或网前球还击到对方后场去叫作挑球。它是在被动情况下，为了争取回场时间而采取的一种过渡性质的击球。虽然挑球不能给对方造成威胁，但如果能将球挑得高、挑得远（靠近对方场地底线），就能为自己回到场地中心位置赢得时间。挑球包括正手挑球和反手挑球等。

正手挑球

 见图 3-6-3

正手挑球时，以肘关节为轴，伸拍向前，并以前臂带动手腕由下向上挥动。

技术要点

引拍要具有隐蔽性，注意手腕的闪动，脚步的移动要迅速。

错误纠正

练习时易出现脚步移动过慢、手臂动作过大等问题。因此，应加强动作和手感的练习，体会动作要领。

图 3-6-3

反手挑球

🏵 **动作方法** 见图 3-6-4

反手挑球时,以反手握拍法握拍。击球时,肘部略抬高,以肘关节为轴,前臂带动手腕由下向上挥动。

🏵 **技术要点**

引拍要具有隐蔽性,注意手腕的闪动,脚步的移动要迅速。

🏵 **错误纠正**

练习时易出现脚步移动过慢、手臂动作过大等问题。因此,应加强动作和手感的练习,体会动作要领。

图 3-6-4

接杀球

　　把对方杀过来的球还击到对方场区叫作接杀球。接杀球看起来很被动，但当对方杀球质量不高时，接杀球如果处理得当，就会为本方创造转守为攻的机会或直接还击得分。接杀球包括接杀近身球和接杀远

身球等。

接杀近身球

动作方法 见图3-6-5

（1）回击网前球时，用力要轻，主要依靠对方来球的反弹力，拍面正对球网，略后仰，球拍触球时可做"切削"或"提拉"动作缓冲来球力量；

（2）回击后场球时，前臂和手腕用力要大些，有抽击动作；

（3）当对方杀球质量较差时，可用推后场还击，用力以手腕为主，向前略上方"甩"腕。

技术要点

主要依靠前臂、手腕的发力，用力大小和拍面变化要根据对方杀球的力量和己方回击的不同落点而变化。

错误纠正

练习时易出现手腕塌腕、力量掌握不准等问题。因此，应多加练习，体会动作要领。

图3-6-5

接杀远身球

（1）回击网前球时，两脚急速蹬伸，同时转髋，采用两侧移动步法至击球位置，上体侧向击球点，同时右手侧伸，以前臂、手腕的"闪动"发力击球；

（2）回击后场球时，前臂和手腕用力要大些，有抽击动作；

（3）当对方杀球质量较差时，可用推后场还击，用力以手腕为主。向前略上方"甩"腕。

技术要点

接杀远身球回击网前或后场球时的用力及拍面变化与接杀近身球相似。

错误纠正

练习时易出现手腕塌腕、力量掌握不准等问题。因此，应多加练习，体会动作要领。

图 3-6-6

第七节

上网步法

　　羽毛球的步法和手法(即各种击球法)是相辅相成、不可分割的。许多击球技术都是靠熟练、快速、准确的步法移动来完成的。上网步法是指从场地中心位置向网前移动的步法,包括蹬跨上网和两步蹬跨上网等。

 **蹬跨上网** ◆◆◆◆◆◆◆◆

　　蹬跨上网即运用蹬跨步进行上网的移动步法。

✿ 动作方法　　见图3-7-1

　　起动后左脚后蹬,侧身,右脚向球的方向跨出一大步击球。

✿ 技术要点

　　看球的落点决定蹬跨位置,一般应以最后一步跨出后,手臂自然伸直能让球拍打到球为宜。

✿ 错误纠正

　　练习时易出现网前制动不好等问题。因此,应加强踝关节的力量练习。

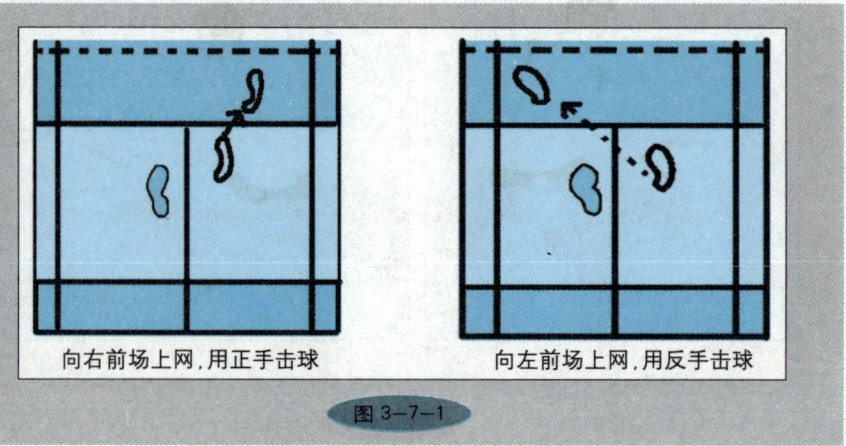

| 向右前场上网,用正手击球 | 向左前场上网,用反手击球 |

图3-7-1

 **两步蹬跨上网** ◆◆◆◆◆◆◆◆◆

两步蹬跨上网,顾名思义,就是迈两步蹬跨上网的移动步法。

动作方法 见图3-7-2

起动后,左脚先朝球的方向迈一步,随即左脚后蹬,侧身,右脚朝球的方向跨一大步。

技术要点

最后是蹬跨步都应是右脚在前,步幅较大,着地点超越膝关节,重心在右脚上,右脚脚跟外侧先着地,然后过渡到脚掌,并用脚趾制动,不使身体前冲。

错误纠正

练习时易出现网前制动不好等问题。因此,应加强踝关节的力量练习。

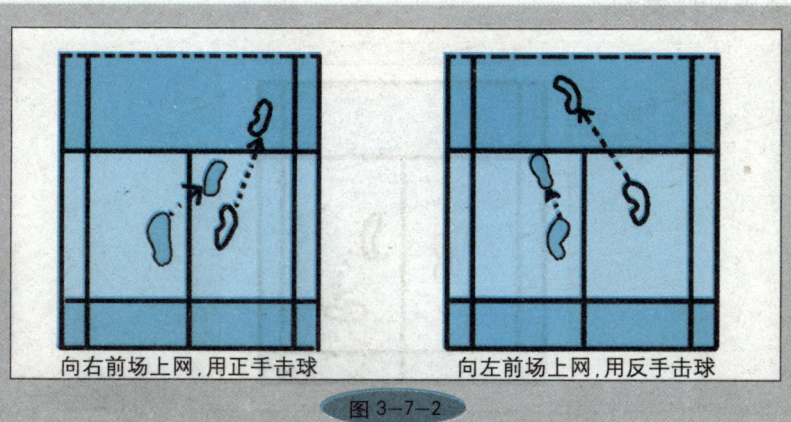

向右前场上网,用正手击球　　　　向左前场上网,用反手击球

图3-7-2

第八节

后退步法

后退步法是指从中心位置后退到底线的步法,防守与调动都需要这种步法调整,包括侧身后退一步、侧身跨步后退和交叉步后退等。

侧身后退一步 ◆◆◆◆◆◆◆◆

侧身后退一步，顾名思义，就是通过侧身，向后退一步的移动步法。

❋ **动作方法** 见图 3-8-1

起动后，以左脚前脚掌为轴，右脚往右后侧蹬转，后退一步，重心移至右脚（右脚脚尖朝右侧，左脚脚尖也顺势略转向右），呈侧身对网姿势。

❋ **技术要点**

比赛中可根据场上情况和个人特点灵活运用。

❋ **错误纠正**

练习时易出现脚底下步法不清晰等问题。因此，应多进行步法练习，体会动作要领。

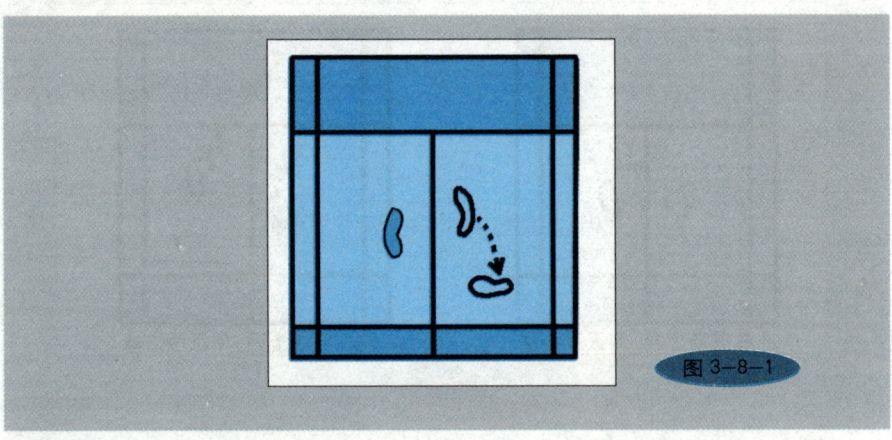

图 3-8-1

侧身跨步后退 ◆◆◆◆◆◆◆◆

侧身跨步后退，即通过侧身跨步向后退步的移动步法。

❋ **动作方法** 见图 3-8-2

起动后，以左脚前脚掌为轴，左脚往左后侧蹬转，后退一步，右脚立即往身体左后方跨一步，重心移至右脚，呈侧身对网姿势。

技术要点

比赛中可根据场上情况和个人特点灵活运用。

错误纠正

练习时易出现步法不清晰等问题。因此,应多进行步法练习,体会动作要领。

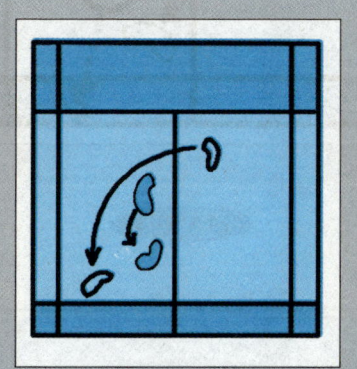

图 3—8—2

交叉步后退,即运用交叉步法向后退步的移动步法。

动作方法 见图 3—8—3

起动后,以左脚前脚掌为轴,右脚往右后侧蹬转,后退一步(步幅不宜太大),左脚立即经右腿交叉后退一步,随即右脚再往右后撤一步,重心落在右脚上,呈侧身对网姿势。

技术要点

后退时,应根据离球的远近来调整移动步法。

错误纠正

练习时易出现步法不清晰等问题。因此,应多进行步法练习,体会动作要领。

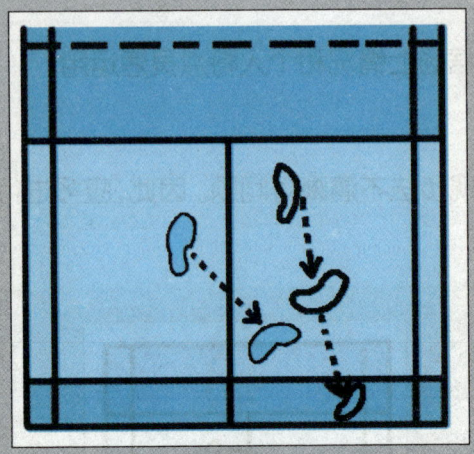

图 3—8—3

第九节

两侧移动步法

两侧移动步法是指从中心位置向左、右两侧边线移动的步法,包括向右侧蹬跨步、向右并步加蹬跨步、向左侧蹬跨步、向左蹬转跨步和向左垫步加蹬转跨步等。

向右侧蹬跨步

向右侧蹬跨步,即运用蹬跨步向右侧移动的步法。

动作方法 见图 3—9—1

起动后,左脚脚掌内侧用力蹬,右脚向右侧跨一大步,上身略向右侧倒,准备接球,击球后右脚前脚掌回蹬。

技术要点

一般用于中场接杀球,移动起跳。

🌀 错误纠正

练习时易出现步法不清晰等问题。因此,应多进行步法练习,体会动作要领。

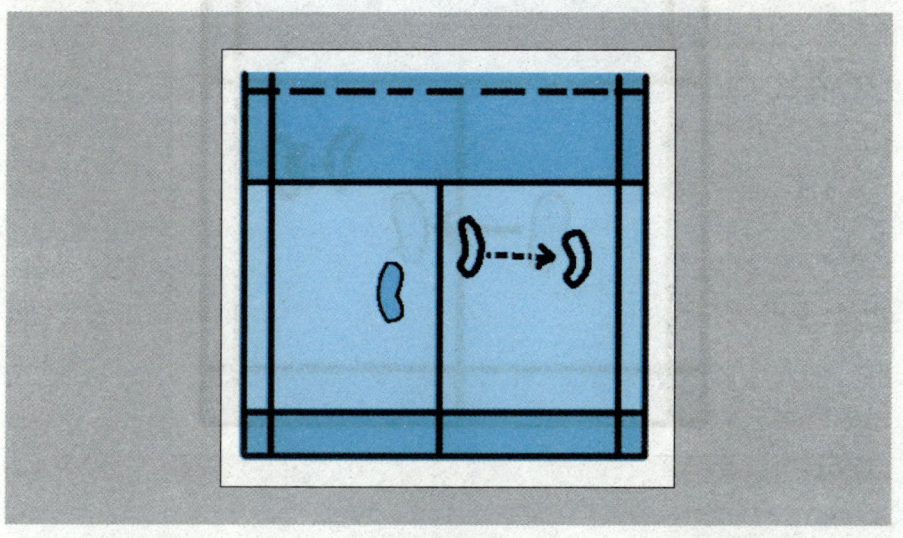

图 3—9—1

🌀 向右并步加蹬跨步 ◆◆◆◆◆◆◆

向右并步加蹬跨步,即利用并步与蹬跨步相结合,向右侧移动的步法。

🌀 动作方法　见图 3—9—2

起动后,身体倾向右侧,重心移至右脚,左脚垫小步向右脚靠拢,以前脚掌蹬地,向右侧转髋,右脚向右侧跨步,脚尖朝外。

🌀 技术要点

注意保持身体重心的稳定。

🌀 错误纠正

练习时易出现步法不清晰等问题。因此,应多进行步法练习,体会动作要领。

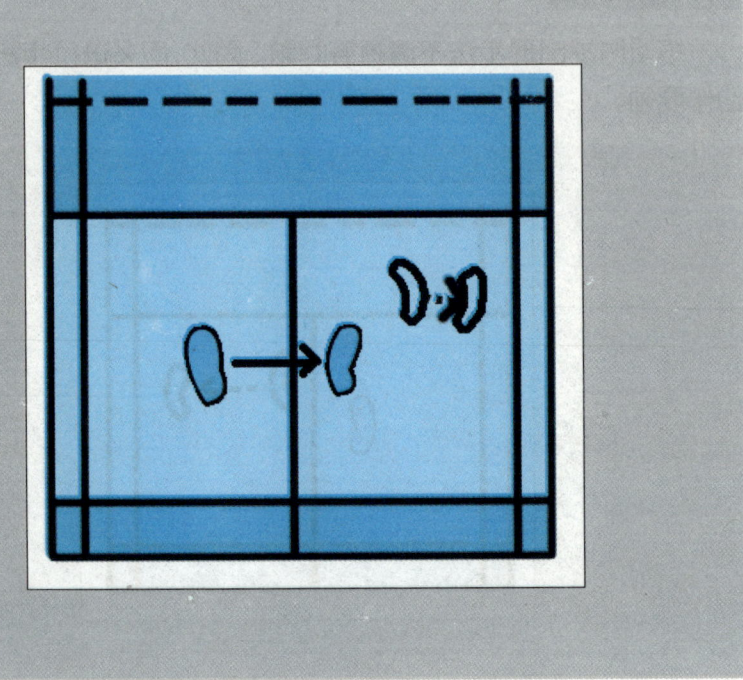

图 3-9-2

 向左侧蹬跨步

向左侧蹬跨步,即运用蹬跨步向左侧移动的步法。

动作方法 见图 3-9-3

起动后,右脚脚掌内侧用力蹬起,同时向左转髋,左脚向左跨出一步,上身略向左侧倒等待击球。

技术要点

一般用于中场接杀球,移动起跳。

错误纠正

练习时易出现步法不清晰等问题。因此,应多进行步法练习,体会动作要领。

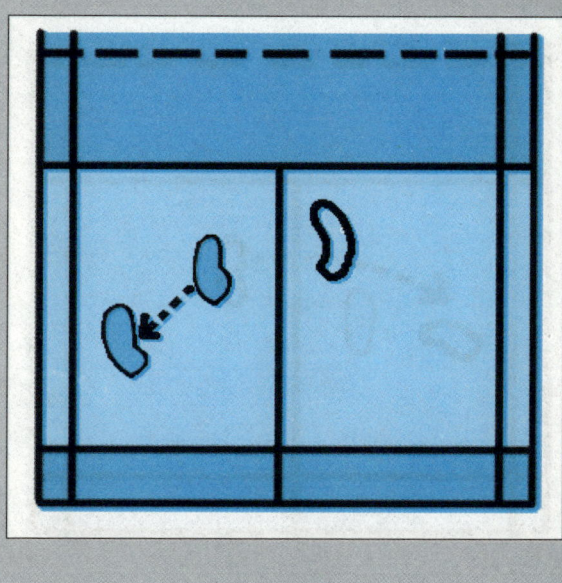

图 3-9-3

向左蹬转跨步

向左蹬转跨步,即运用蹬跨步向左扭转移动的步法。

动作方法 见图 3-9-4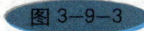

起动后,以左脚前脚掌为轴,向左转髋,同时右脚内侧用力起蹬,经左脚前向左侧跨出一大步等待击球。

技术要点

扭转过程中注意保持重心稳定。

错误纠正

练习时易出现步法不清晰等问题。因此,应多进行步法练习,体会动作要领。

图 3-9-4

 向左垫步加蹬转跨步

向左垫步加蹬转跨步，即利用垫步与蹬跨步相结合，向左扭转移动的步法。

动作方法 见图 3-9-5

起动后，左脚向左侧垫一步，此后的动作与向左蹬转跨步相同。

技术要点

扭转过程中注意保持重心稳定。

错误纠正

练习时易出现步法不清晰等问题。因此，应多进行步法练习，体会动作要领。

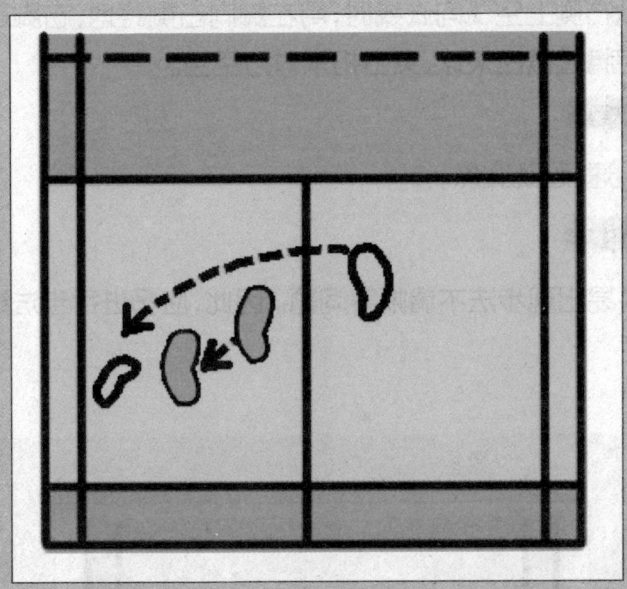

图 3-9-5

起跳腾空步法

　　起跳腾空步法是指为了争取时间高点击球,用单脚或双脚起跳,居高临下,凌空一击的方法。它的特点是起动快、动作突然,常在对方尚未站稳之际,给其以袭击,使对方防不胜防。起跳腾空步法包括右侧腾跃突击和左侧腾跃突击等。

 右侧腾跃突击

　　右侧腾跃突击主要在右侧突击进攻时使用。

动作方法　见图 3-10-1

当球从右侧上空飞向底线时,用左脚向右侧蹬地,右脚起跳,上体向右侧上空腾起截住来球,突击扣杀对方空当。

技术要点

发力迅速,起跳突然。

错误纠正

练习时易出现步法不清晰等问题。因此,应多进行步法练习,体会动作要领。

图 3-10-1

 **左侧腾跃突击** ◆◆◆◆◆◆◆◆◆

左侧腾跃突击主要在左侧突击进攻时使用。

动作方法 见图 3—10—2

　　当球从左侧上空飞向底线时,右脚向左侧蹬地,右脚起跳,用头顶击球法突击。击球后,左脚后摆在身体重心的后面着地,一经制动缓冲,便应立即回动至中心位置。

技术要点

　　发力迅速,起跳突然。

错误纠正

　　练习时易出现步法不清晰等问题。因此,应多进行步法练习,体会动作要领。

图 3—10—2

第四章 基础战术

羽毛球战术是指,在比赛中为表现出高超的竞技水平和战胜对方而采取的计谋和行动。在羽毛球比赛中,双方都想要控制对方,力争主动,扬长避短。因此能够根据对方的不同特点,采取有变化的技术手段而取胜,这便是战术的意义。羽毛球基础战术包括单打战术和双打战术等。

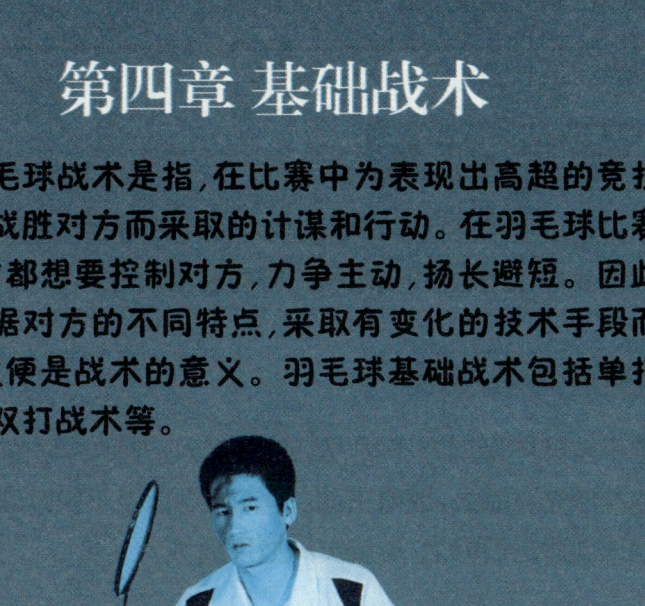

第一节

单打战术

在羽毛球单打比赛中,选手可以根据自己和对方的技术及体力状况,运用恰当的战术,扬长避短,争取主动,从而赢得比赛。下面将从单打进攻战术和单打进攻战术应变的角度,给予详细介绍。

单打进攻战术

单打进攻战术包括发球抢攻战术、攻后场战术、逼反手战术、打四点球突击战术、吊杀上网战术和先守后攻战术等。

发球抢攻战术

由于发球不受对方干扰,发球员可以在规则许可的范围内,运用多变的发球先发制人,取得主动。运动员可以发平快球或网前球,为下一次回球创造进攻机会,形成发球抢攻战术。

攻后场战术

攻后场战术是指,采用重复打高远球或平高球的技术,压住对方后场两角,迫使对方处于被动状态,乘其回球质量不高时,吊其空当,攻其不备。

逼反手战术

一般说来,后场反手击球的进攻性不强,球路也较简单,可根据这一特点运用逼反手战术,即先拉开对方位置,使对方反手区露出空当,然后把球打到反手区,迫使对方使用反拍击球。例如,先吊对方正手网前,若对方挑高球,便可运用平高球攻击对方反手区,在重复攻击对方反手区迫使其远离中心位置时,突然吊对角网前。

打四点球突击战术

打四点球突击战术是指,以快速的平高球、吊球,准确地打到对方场区的四个角落,迫使对方前后左右奔跑,当对方来不及回中心位置或失去重心时,抓住空当进行突击。

吊杀上网战术

吊杀上网战术是指,先在后场以轻杀配合吊球把球下压,落点位于场地两边,使对方被动回球,若对方还击网前球,便迅速上网搓球或勾对角球和平推球;若对方在网前挑高球,可在其后退途中把球直接杀到他的身上。

先守后攻战术

先守后攻战术是指,先以高球诱使对方进攻,在对方只顾进攻而疏于防守时,立即突击进攻;或者在对方体力下降、速度减慢时再发动进攻。这是一种以逸待劳、后发制人的战术,常在对方盲目进攻而体力较差时使用。

单打进攻战术应变 ◆◆◆◆◆◆◆

单打进攻战术应变包括发球抢攻战术应变、接发球抢攻战术应变和单个技术进攻战术应变等。

发球抢攻战术应变

发球抢攻是比赛的重要得分手段,发球可根据对方的站位、回击球的习惯球路、反击能力、打法特点、精神和心理状态等情况,运用不同的发球方法,以取得前几拍的主动权。通过这一战术的运用,可以打

乱对方的整个战略部署,造成对方措手不及。特别是在关键时刻,运用发球抢攻战术能达到不同的效果;在相持阶段,可以用它来打开僵持的局面,力争主动;领先时,可以用它乘胜追击,一鼓作气战胜对方;落后时,可以用它来做最后的拼搏,力挽狂澜,反败为胜。

基础战术

发前场区球抢攻战术

发前场区球包括发 1 号区球,1、2 号区之间球,发追身球等。

发前场区球的目的主要是限制对方马上进行攻击,以及通过准确、有意识地判断对方的回击球路,从而组织和发动快速,强有力的抢攻,达到直接得分或获得第二次攻击机会。一般情况下,发前场区球以发 1、2 号区之间球和追身球为主,这样比较稳妥,不至于造成失误。

发平高球抢攻战术

发平高球包括发 3 号区球,发 4 号区球,发 3、4 号区之间球三种平高球。

发平高球抢攻战术与发前场区球抢攻战术的不同点在于,发前场区球抢攻,可以直接抓住战机进行抢攻,而发平高球抢攻,则要通过守中反攻的手段,才能获得抢攻的机会。

发平高球的目的,一是为了配合发前场区球抢攻;二是让对方盲目进攻或在我方判断的范围之内进攻,使发球方能从防守快速转入进攻;三是造成对方失去控制进而直接失误。

发平射球强攻战术

发平射球主要是发 3 号区球。其战术的目的,一是为了偷袭,如对方反应慢,或站位偏边线,3 号区空隙大时,偷袭 3 号区成功几率较大;二是为了逼对方进行平抽快打的打法;三是为了把对方逼至后场区,造成网前区的空隙。

接发球抢攻战术应变

接发球抢攻战术是接发球战术中最易得分、最有威胁的一种战术。接发球抢攻的前提是对方发球的质量欠佳。如果对方发高球时落点不到位，发前场区球过网时过高，发平射球时速度不快、角度不佳，发平高球时节奏、落点、弧度不佳等，都会给接发球抢攻创造机会。不能盲目进行抢攻，效果差，成功率低。除此以外，还要有积极、大胆的抢攻意识。

要获得抢攻战术的成功（得分），还需要根据自己的技术特点和身体条件，同时结合对方的技术特点、身体条件和心理素质等。例如，当对方从右场区发一平高球落点欠佳，已创造了我方发动抢攻的极好时机，就要运用自己最擅长的技术，抓住对方的弱点，果断大胆地抢攻。

抢攻战术的完成一般都要由两三拍抢攻球路的组合才能奏效。所以，一旦发动抢攻，就要加快速度，扩大控制面，抓住对方的弱点或习惯路线一攻到底，一气呵成完成这个组合的抢攻。

 单个技术进攻战术应变

重复平高球进攻战术

这种战术的特点是以重复平高球进攻对方同一个后场区，甚至可连续重复数拍，以求达到置对方于死地或逼对方击出一半场高球，以利于我方进行最后一击。这种战术对于对付回动上网快、控制底线球能力差、侧身步法差的对手效果显著。

拉开两边平高球进攻战术

这是使用平高球或挑球连续攻击对方两边后底线，以求获得主动权，或逼对方转为被动，以利于我方最后一击的战术。采用这种战术，要求击球方控制高球的出手速度、击球准确性和动作一致性都比较好。这种战术对于对付回动上网快、两底线攻击能力较弱的对手效果显著。

重复吊球战术

重复吊球战术是指重复进行吊两边或吊一边，以求获得主动攻击权。这种战术对于我方吊球技术较好，并能掌握假动作吊球，而对方上

网步法差，或对方找底线球不到位，却急于后退去防守我方的杀球者最为有效。

慢吊（软吊）结合快吊（劈吊）战术

所谓慢吊（软吊）是指，球从后场吊球至网前的速度较慢，且弧度较大，落点离网较近，采用这种技术结合高球是为了达到拉开对方站位的目的，有时也可得分。所谓快吊（劈吊）是指，球从后场吊球至网前的速度较快，出球基本成一直线，落点离网较远。这是当对方站位被拉开，而身体重心失去控制的一瞬间，所采用的一种战术。

重复杀球进攻战术

当遇上一位防守时经常习惯反拉后场球的对手时，就可采用重复杀球的进攻战术。采用这种战术，要先了解对方的情况，然后先运用轻杀或短杀，此时，我方不能急于上网，而要调整好自己的位置，以利于采用重复杀的战术。

长杀结合短杀（点杀、劈杀）进攻战术

长杀结合短杀（点杀、劈杀）战术，概括地说，就是"直线长杀，对角短杀"。这种战术在对方接杀球时，需要移动的距离比较远，增加了防守的难度。

重杀与轻杀进攻战术

"半场重杀，后场轻杀"是这一战术的概括。当我方通过拉吊创造出半场球的机会时，应该采用重杀战术。反之球在后场，我方还想采用杀球时，一般多用轻杀。因为半场球用重杀，哪怕是失去身体重心，也不至于造成控制不了网前的局面，但是，如果在后场采用重杀，万一失去身体重心，上网慢了就控制不住网前，而轻杀可使自己保持较好的身体重心位置，以利于下一步控制网前。

重复搓球进攻战术

当碰到对方上网搓球之后习惯很快退后时，我方就可采用重复搓球进攻的战术，达到获得主动的机会，破坏对方后退进攻的意图。

重复推球进攻战术

当碰到对方从后场拦网前球之后,迅速回至中心时,我方就可采用重复推球进攻的战术,特别是反手网前推直线球,威胁更大。

两边勾球进攻战术

当我方从网前勾对角网前球,对方回搓直线网前球,并退后想进攻时,我方可以再勾一对角线球。运用这一战术来对付转体差的对手更具效果。

第二节

双打战术

双打比赛因为有两人配合,控制面积较大,不易出现防守漏洞,因此若要制胜,必须动作迅速、反应灵敏,具有高度的判断力和预见性,以及高水平的战术素养。两名队员配合默契、相互信任,打法上攻守衔接,站位轮转协调一致,是打好双打的关键。双打基础战术包括发球战术、接发球战术、攻人(二打一)战术、攻中路战术、攻直线战术、攻后场战术、后攻前封战术和守中反攻战术等。

发球战术

双打的后发球线比单打短,因此,发球质量、路线的配合,弧线的制造,落点的变化对整个双打比赛的胜负具有极其重大的意义。发球战术包括发球站位、发球路线、发球时间变化和发球心理影响等。

发球站位

发球员紧靠前发球线和中线

发球站位不同,对发球的飞行路线、弧线、落点和第三拍的击球都

有关系。这种站位始于反手发网前内角,球过网后球托向下,不易被对方扑击。由于站位靠前,也便于第三拍封网。但站位靠前不利于发平快球,一般是发网前内角位球,配合发双打后发球线的外角位平高球。

发球员站位离前发球线半米,靠中线

这种站位发球的优点是选择面较广,正、反手都可发网前球、平快球和平高球,并且各种路线都可以发。缺点是球的飞行时间长,对方有较多时间判断处理,发球后如果抢网较慢也容易失去网前主动权。

发球员站在离中线较远处

这种站位主要用于在右场区以正手和左场区以反手发平快球,攻对方双打后发球线的内角位,配合发网前外角。这种发球只能作为一种变换手段,因为它只对反应慢、攻击力差的对手有一定威胁。当对方已有准备时,作用不大,甚至还会使自己陷入被动。

 发球路线

调动对方站位,破坏对方打法

如对方甲、乙两名队员站成甲在后、乙在前的进攻队形,在发球给乙时,可以后场为主结合网前,而发球给甲时却要以发网前为主结合后场。这样,从发球起就阻挠了对方调整站位。

避实就虚,抓住对方弱点发球抢攻

要先看接发球员的站位,如果他紧压网前站在网前内角位,可利用发网前球与后场球动作的一致性发球到对方后场外角位;如对方离中线较远,则可发平快球突袭后场内角位;对接发球路线呆板、变化少的对手,可针对情况发球后抢封角度突击。

发球要有变化

发球时,利用网前和后场的配合,网前的内角、外角及底线的内角、外角位的配合,使对方首尾难于兼顾,多点设防,疲于应付。同时,在发球的弧线上也要有变化。这样,接球方就难以摸到发球方的规律。

基础战术

发球时间变化

　　接发球方在准备接发球时，思想虽然高度集中，但因受到发球方的牵制，要等球发出后才能判断、起动、还击。所以，发球动作的快、慢也应在规则允许的范围内有所变化，不要被接球方掌握规律。

发球心理影响

　　在双打比赛中，有时会出现发球失常。其原因，一是发球技术不过硬；二是受接发球队员的影响。由于接发球队员站位逼前，扑、杀凶狠且命中率较高，加之比分正处于关键时刻，心情紧张，造成手软从而影响了发球质量。

　　遇到这种情况，要先沉住气，观察接发球队员的动向和心理意图，摸清接发球的路线和规律，提高发球质量，增强还击第三板的信心。另外，发球的路线要善变且无规律，真真假假、虚虚实实，这样就会减少不必要的顾虑，发球质量也会稳定下来。

　　接发球虽然受发球方的牵制，属于被动等待，但由于又有很多规则限制，使发球队员发出的球不能具有太大的威胁。接发球方如果判断准确，起动快、还击及时，就能在对方发球质量略差时杀、扑得手或取得主动。

接发内角位网前球

　　以扑或轻压对方两边中场及发球队员身体为主要攻击点，配合网前搓、勾等其他线路。

接发外角位网前球

　　除了以上打的点外，还可以平推对方底线两角，以调动对方一名队员至边角，扩大对方另一名队员的防守范围。

双打战术

接发内角、外角位后场球

应以发球队员为攻击点,力争扣杀追身球。如果起动慢了,可用平高球打到对方底线两角。一般发球队员在后场球发出后,后退准备接杀的情况居多,这时可用拦截吊球,落点可选择在发球队员的对角。

攻人(二打一)战术

攻人战术是指,当发现对方有一个人的防守能力或心理素质较差,失误率较高或防守球路单调时,可把球进攻到这个较弱者的一边。这种战术可集中优势兵力以多打少,以优势打劣势,造成主动或得分;或使另一个不被攻击的人慢慢偏向同伴站位,形成站位上的空当,从而突击空当得分;还可造成对方思想上的混乱而互相埋怨,影响其士气。总之,这是一种经常运用且行之有效的战术。

攻中路战术

攻中路战术是指,攻球时使落点集中在对方两人之间的结合部,并靠近防守能力较差的一侧,或在中线上。这种战术既可以造成对方抢球或漏球,又可以限制对方挑出大角度的球路,有利于我方网前的封网。

攻直线战术

攻直线战术是指回球路线为直线,没有固定的目标和对象,只依靠回球的力量和落点来争取得分。当对方的来球靠边线时,攻球的落点在边线上;当对方的来球在中间区时,就朝中路进攻。

攻后场战术

攻后场战术是指,当对方后场扣杀能力较差时,采用平高球、平推球或接杀跳高球等,迫使对方一人在底线两角移动。一旦其还击被动,便可大力扑杀；若另一人后退支援，即可攻网前空当。

后攻前封战术

后攻前封战术是指，当本方取得主动攻势后，后场队员逢高必杀，前场队员积极移动封网扑打。

守中反攻战术

防守时，若对方攻直线球，我方则挑对角平高球；若对方攻对角球，我方则挑直线平高球，从而达到调动对方移动的目的，然后可采用平推球或勾网前球，由守反攻。这种战术称为守中反攻，它在对方网前扑、推、左右转体不灵时，可以很快获得由守转攻的主动权。

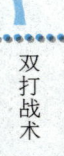

双打战术

第五章 基本规则

制定各项运动的比赛规则，有助于全民健身运动的深入开展。比赛参与者应该了解运动规则的基本知识，以使自己在比赛过程中游刃有余地发挥技术水平。比赛观赏者也只有在了解基本规则的前提下，才能够充分体验到观赏比赛的乐趣。

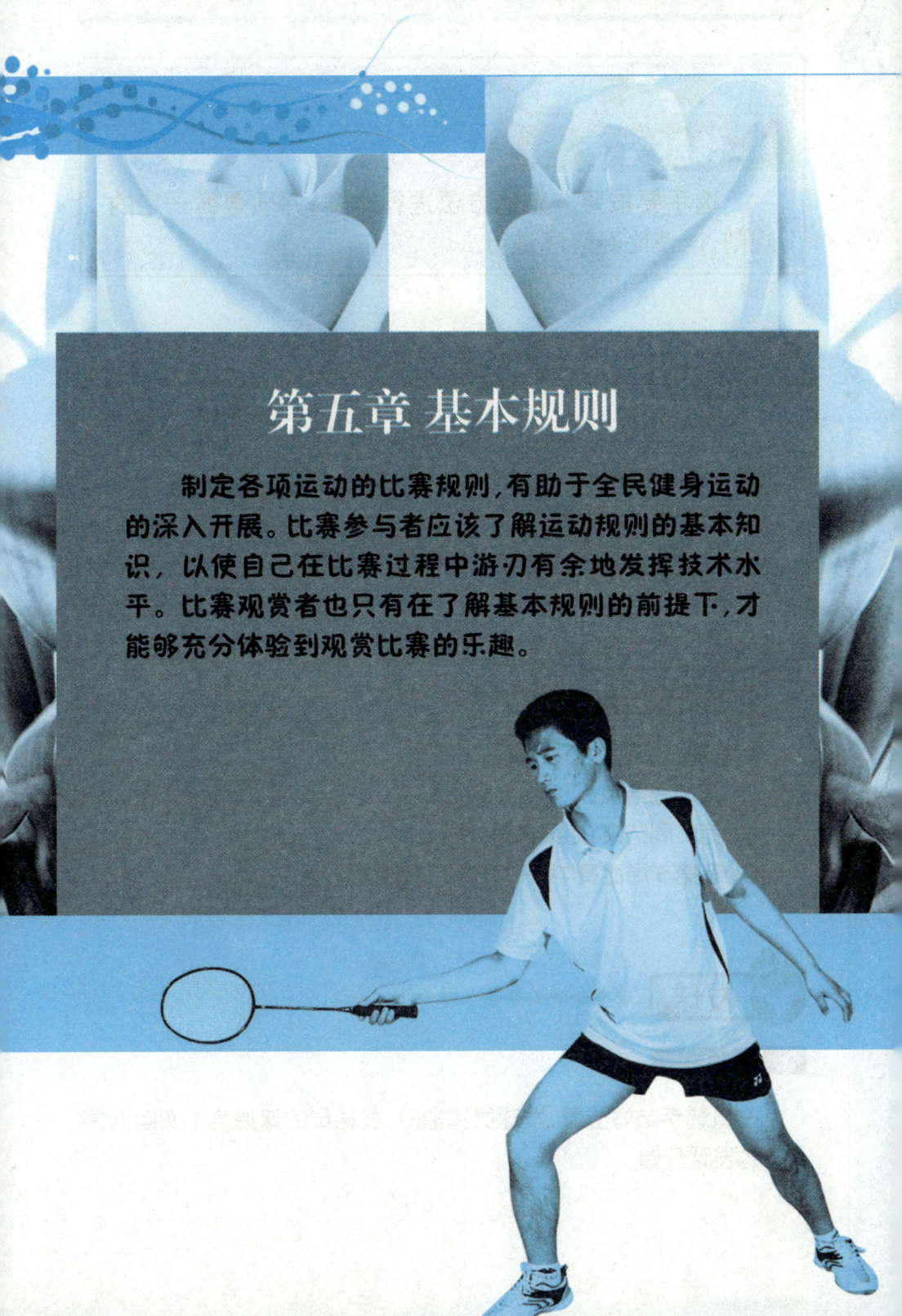

第一节
比赛方法

选手要按照一定的方法进行比赛,并须遵循一定的规则,以使比赛有序进行。

 挑边

比赛开始前,双方应挑边。赢方对以下两项之一有选择权,输方在余下的一项中选择。

(1)先发球或先接发球;

(2)在一个半场区或另一个半场区开始比赛。

 交换场区

以下情况选手应交换场区:

(1)第 1 局结束;

(2)第 2 局结束(如果有第 3 局);

(3)在第 3 局比赛中,一方先得 11 分时。

 发球

发球开始

一旦选手站好位置,发球员挥拍时,发球员的球拍第 1 次向前挥动即为发球开始。

发球结束

发球开始后,发球员的球拍击中球或试图发球但未击中球,均为发球结束。

合法发球

(1)一旦发球员和接发球员都站好各自的位置,任何一方都不允许延误发球;

(2)发球员和接发球员应站在斜对角的发球区内,脚不触及发球区和接发球区的界线;

(3)从发球开始至发球结束,发球员和接发球员的两脚必须都有一部分与球场地面接触,不得移动;

(4)双打比赛中,发球员或接发球员的同伴站位均不限,但不得阻挡对方发球员或接发球员的视线;

(5)发球员的球拍应首先击中球托;

(6)在发球员的球拍击中球瞬间,整个球应低于发球员的腰部;

(7)在击球瞬间,发球员的球拍杆部应指向下方;

(8)发球开始后,发球员必须连续向前挥拍,直至将球发出;

(9)发出的球应向上飞行过网,如果未被拦截,球应落在规定的接发球区内(即落在线上或界内)。

发球区和接发球区

(1)一局中,发球方的分数为零或双数时,双方选手均应在各自的右发球区发球或接发球;

（2）一局中，发球方的分数为单数时，双方选手均应在各自的左发球区发球或接发球。

击球顺序和位置

一个回合中，球应由发球员和接发球员交替从各自所在场区一边的任何位置击出，直至成死球为止。

得分和发球

（1）发球员胜一回合就得 1 分，随后发球员再从另一发球区发球；
（2）接发球员胜一回合就得 1 分，随后接发球员成为发球员。

发球区和接发球区

（1）一局中，发球方的分数为零或双数时，发球方应从右发球区发球；
（2）一局中，发球方的分数为单数时，发球方应从左发球区发球；
（3）接发球方上一回合最后一次发球的选手应在原发球区接发球，他的同伴接发球的站位与其相反；
（4）接发球员应是站在发球员斜对角发球区的选手；
（5）发球方每得一分后，原发球员则变换发球区再发球。

击球顺序和位置

每一回合发球被回击后，由发球方的任何一人和接球方的任何一人，交替在各自场区的任何位置击球，如此往返直至死球。

得分和发球

（1）发球方胜一回合则得 1 分，随后发球员再从另一发球区发球；
（2）接发球员胜一回合就得 1 分，随后接发球员成为发球员。

 **发球顺序**

　　每局比赛的发球权必须如此传递：首先是发球员从右发球区发球，其次是首先接发球员的同伴从左发球区发球，然后是首先发球员的同伴，接着是首先接发球员，再接着是首先发球员……一局胜方的任何一名选手可在下一局先发球，负方的任何一名选手可先接发球。

比赛连续性

　　除了比赛的间歇和暂停外，从第 1 次发球起至该场结束比赛应是连续的。

间歇

　　(1)一局中，当一方先得 11 分时，允许有不超过 60 秒的间歇；

　　(2)第 1 局与第 2 局之间，及第 2 局与第 3 局之间，允许有不超过 120 秒的间歇。

暂停

　　(1)遇有不是选手所能控制的情况，裁判员可根据需要暂停比赛；

　　(2)如遇特殊情况，裁判长可以要求裁判员暂停比赛；

　　(3)如果比赛暂停，已得分数有效，续赛时由该分数算起。

第二节 裁判方法

　　在比赛过程中，裁判人员通过履行其职责，进行正确的裁判工作，来保证比赛的公平、公正。

裁判人员

　　裁判人员包括裁判长、裁判员、发球裁判员和司线员等，具体职责

为：

（1）裁判长对赛事负全责；

（2）裁判员应维护和执行比赛规则，及时地宣报"违例"或"重发球"等；

（3）发球裁判员应负责宣判发球员的发球违例；

（4）司线员应对球在其分管线的落点宣判"界内"或"界外"。

记分方法

羽毛球比赛采取 3 局 2 胜制和每球得分制，具体记分方法如下：

❋ 胜 1 场

一场比赛以 3 局 2 胜定胜负。

❋ 胜 1 局

先得 21 分的一方胜 1 局。20 分平时，连续领先 2 分的一方胜该局。29 分平时，先得 30 分的一方胜该局。

❋ 得 1 分

在一个回合中获胜的一方得 1 分。

违例

❋ 发球违例

发球时，以下情况为违例：

（1）不合法发球；

（2）球挂在网上或停在网顶；

（3）球过网后挂在网上；

（4）接发球员的同伴接到球或被球接触。

比赛中违例

比赛进行中,以下情况为违例:

(1)球落在球场界线外(即不落在界线上或界线内);

(2)球从网孔或网下穿过;

(3)球不过网;

(4)球触及天花板或四周墙壁;

(5)球触及选手的身体或衣服;

(6)球触及球场外其他物体或人;

(7)球被击时停滞在球拍上,紧接着被拖带抛出;

(8)球被同一选手两次挥拍连续两次击中(但一次击球动作中,球被拍框和拍弦击中,不属违例);

(9)双打比赛时,球被两名同伴连续击中;

(10)球触及选手球拍,而未飞向对方场区;

(11)选手的球拍、身体或衣服触及球网或球网的支撑物;

(12)选手的身体从网上侵入对方场区;

(13)选手的球拍或身体从网下侵入对方场区,导致分散对方注意力或阻碍对方,即阻挡对方紧靠球网的合法击球;

(14)选手故意分散对方注意力的任何举动,如喊叫、故作姿态等。

重发球

遇以下情况时,裁判员宣报"重发球":

(1)发球员在接发球员做好准备前发球;

(2)在发球过程中发球员和接发球员都被判违例;

(3)除发球外,球过网后挂在网上或停在网顶;

（4）比赛进行中，球托与球的其他部分完全分离；

（5）司线员未能看清，裁判员也不能作出裁决时；

（6）裁判员认为比赛被干扰或教练干扰了对方选手比赛；

（7）不能预见或意外的情况。